HEYNE BÜCHER

SCIENCE FICTION

Herausgegeben
von Wolfgang Jeschke

Vom gleichen Autor erschienen außerdem
als Heyne-Taschenbücher

Der Mann von drüben · Band 3004
Geliebter Roboter · Band 3066
Der Tausendjahresplan · Band 3080
Der galaktische General · Band 3082
Am Ende der Ewigkeit · Band 3088
SF-Kriminalgeschichten · Band 3135
Ich, der Robot · Band 3217
Die nackte Sonne · Band 3517
Der Zweihundertjährige · Band 3621
Lunatico · Band 5126

Isaac Asimovs Science Fiction Magazin 1. Folge · Band 3608
Isaac Asimovs Science Fiction Magazin 2. Folge · Band 3636
Isaac Asimovs Science Fiction Magazin 3. Folge · Band 3664
Isaac Asimovs Science Fiction Magazin 4. Folge · Band 3695
Isaac Asimovs Science Fiction Magazin 5. Folge · Band 3735
Isaac Asimovs Science Fiction Magazin 6. Folge · Band 3748
Isaac Asimovs Science Fiction Magazin 7. Folge · Band 3761

ISAAC ASIMOVS SCIENCE FICTION MAGAZIN

8. Folge

ausgewählt und herausgegeben

von

Birgit Reß-Bohusch

Deutsche Erstveröffentlichung

WILHELM HEYNE VERLAG
MÜNCHEN

HEYNE-BUCH Nr. 3776
im Wilhelm Heyne Verlag, München

Deutsche Übersetzungen von Birgit-Reß-Bohusch
und Michael Nagula

Redaktion: Friedel Wahren & Wolfgang Jeschke

Printed in Germany 1980
Umschlagbild: Karel Thole
Umschlaggestaltung: Atelier Heinrichs, München
Gesamtherstellung: Mohndruck Graphische Betriebe GmbH, Gütersloh

ISBN 3-453-30677-5

Inhalt

Joan D. Vinge

Der Sturmkönig

Es hieß, daß in jenen Tagen die Landstriche verwunschen waren, die im Schatten des Sturmkönigs lagen. Der Gipfel schob sich aus sanft gewellten Hügeln und fruchtbaren Äckern unvermutet wie ein hoher Wellenkamm aus der ruhigen See, ein düsterer Finger, der in die Geheimnisse des Himmels stocherte. Einst hatte er Feuer und Dämpfe ausgespien; aus seiner Gurgel waren Asche und zerschmolzenes Gestein geflossen; die Urahnen jener Menschen, die nun talwärts hausten, hatte er in seinem Zorn getötet. Aber der Geist der Erde hatte seine Wut in einem letzten Toben erschöpft, und nun lag der Berg still, dunkel und kalt da, sein Rachen zugeschüttet von erstarrtem Gestein.

Und doch lebten die Menschen immer noch in Furcht vor dem Berg. Keiner entsann sich, je seinen Gipfel erblickt zu haben; immer verbargen ihn Wolken; Blitze durchzuckten die purpurne Hülle, und fernes Donnergrollen erfüllte die Träume der Schläfer an seinem Fuße mit Drachengebrüll.

Denn es war ein Drache, der jetzt droben auf dem schroffen Fels hauste: jenes Urgeschöpf aus Sturm und Feuer, von den Lüften herbeigetragen, angezogen von dem Ort, an dem die Erdglut erloschen war – einem Ort, immer noch umwebt von altem Leid. Und da er den Geist des Feuers teilte, kannte der Drache kein Gesetz und gehorchte keiner Macht außer der eigenen. Untertags oder bei Nacht erhob er sich auf wilden Sturmschwingen und jagte über das Land, ertränkte die Ernten in Regen, spaltete Bäume mit seinen Blitzen, zertrümmerte Mauerwerk und riß Dächer mit sich; brachte Entsetzen über arm und reich, Mensch und Tier, aus reiner Lust am Zerstören, in der Ekstase ungezügelter Macht. Die Menschen flehten zu den neuen Göttern, die ihren Glauben an die Erde verdrängt hatten, sie zu erlösen; aber die neuen Götter lebten im Himmel und schienen dort droben außer Reichweite.

Nach und nach stießen die Menschen die Namen der Götter im Zorn hervor, wenn sie Ochsenkarren aus dem Morast stemmten, über Felder mit geknicktem Getreide hinwegschauten oder spürten, wie ihre und die Bäuche ihrer Kinder vor Hunger anschwollen.

Und dann blickten sie hinauf zu dem fernen Gipfel und verfluchten den Sturmkönig, wie sie den Berg nannten, und auch den Drachen; aber immer nur leise, im Flüsterton, aus Furcht, er könnte sie hören und von neuem mit dunkler Gewalt über sie hinwegpeitschen.

Der sturmzerzauste Marktflecken Wyddon und seine Bewohner schauten nur kurz von ihrem dumpfen Schaufeln und Scharren im Schlick auf, als ein Fremder sich an ihnen vorbeischob. Er trug das Flechtlederwams des einfachen Soldaten, sein Mantel und seine Beinkleider waren aus grobem Stoff und zerfetzt, und er schlurfte über die Holzplanken, die man über den stinkenden Straßenschlamm gelegt hatte, als hielte ihn einzig und allein die Willenskraft auf den Beinen. Eine Frau, die am Marktplatz Körbe mit kümmerlichem Lauch durchwühlte, sah mit leisem Staunen, wie er den winzigen Dorftempel betrat; ein Mann, der die Löcher in seinem Hausdach mit frischem Stroh deckte, sah ihn wieder herauskommen, vertrieben von dem entrüsteten Priester in einer orangefarbenen Kutte.

»Wenn du auf Blendwerk aus bist, dann such dir eine Hexe! Dies hier ist ein heiliger Ort; die Götter würdigen sich nicht zu vulgärem Zauber herab!«

»Das sehe ich«, murmelte der Fremde und stolperte durch knöcheltiefen Morast. Er zog sich mit einiger Mühe und sichtlichem Abscheu wieder auf die Holzplanken. »Wenn sie es täten, hättet ihr vielleicht Straßen und keine Kloakebäche in eurem Kaff.« Er wandte sich wütend ab und stolperte fast über ein schmutziges Mädchen, das ihm den Weg versperrte.

»Ihr Priester solltet dem Sturmkönig dienen!« Das Mädchen stand trotzig aufgerichtet da und schaute zu dem Geistlichen hinüber. »Der Drache kann unser aller Leben in einer Nacht mehr verändern, als eure Götter es in einem Menschenalter vermögen.«

»Schlampe!« Der Priester drohte ihr mit seinem geschnitzten Stab; der Kranz aus goldenen Glöckchen, der daran befestigt war, bimmelte wie irrsinniges Gelächter. »Da hast du deine Hexe, Bettler! Wenn du glaubst, sie kann dich lehren, den Drachen zu zähmen, dann geh mit ihr!« Er wandte sich ab und verschwand im

Tempel. Der Körper des Fremdlings zuckte, als bäumte er sich gegen den Zwang des Willens auf, und versuchte sich von hinten auf den davoneilenden Priester zu stürzen.

»Du bist eine Hexe?« Der Fremde drehte sich um und starrte auf die knochige Gestalt herab, die ihm im Wege stand, sah, daß auch sie ihn mit sichtlicher Skepsis betrachtete. Er stellte sich vor, welches Bild sich ihr bot – ein Fremder, das glatte schwarze Haar abgesäbelt wie das eines Leibeigenen, die Kleider dreckverkrustet, das Gesicht hager und ungewaschen, zu einer bitteren Grimasse verzerrt. Sein Stirnrunzeln vertiefte sich.

Das Mädchen schüttelte den Kopf. »Nein. Ich stehe nur in ihren Diensten. Du suchst einen Handel mit ihr, wie ich sehe – wegen des Sturmkönigs.« Sie grinste, versuchte ihm vorzuspielen, daß sie um geheime Dinge wußte.

»Was du zweifellos eben mitgekriegt hast.« Er verlagerte sein Gewicht von einem Bein auf das andere, doch es glückte nicht, den Schmerz im Rücken zu lindern.

Sie zuckte die Achseln und strich sich das wirre braune Haar aus dem Gesicht. »Na, dann hoffe ich, daß du zahlen kannst, sonst hast du den weiten Weg von Kwansai umsonst gemacht.«

Er zuckte zusammen, ehe er merkte, daß ihn Haarfarbe und Augen verrieten. »Ich kann zahlen.« Er zog seinen Dolch aus der verborgenen Scheide, die einzige Waffe, die ihm geblieben war, und der einzige Besitz von Wert. Er ließ sie einen Blick auf den juwelengeschmückten Griff werfen, ehe er das Ding wieder wegsteckte.

Ihre grauen Augen weiteten sich einen Moment. »Wie darf ich dich nennen, Fürst der Diebe?« Und ihr Blick weilte auf seinen Lumpen.

»Nenn mich Hoheit.« Keine Lüge, kein richtiger Scherz.

Sie musterte von neuem seine Züge und senkte dann die Wimpern. »Nenn du mich Nichts, Hoheit, denn ich bin nichts.« Sie zog eine Schulter hoch. »Und jetzt folge mir.«

Sie gingen wortlos an den letzten Häusern des Dorfes vorbei und folgten dem Schlammpfad in den finsteren, tropfnassen Wald, der sich am Fuße des Berges erstreckte. Ohne Warnung verließ das Mädchen den Weg und zwängte sich durch das Unterholz; er folgte ihr unerschrocken, halb verärgert und halb in der Furcht, sie könne ihm davonlaufen. Aber sie glitt zwischen den Fichtenstämmen vor ihm her, immer in Sicht, obwohl sein Hinken ihre Ungeduld zu wecken schien. Die feuchte Kälte des sonnenlosen Forstes kroch in seinen schmerzenden Rücken, und Schwärme von Stechmücken stürzten sich auf seine nackte Haut; den bloßen Armen des Mädchens schienen weder die Insekten noch die Kühle etwas anzuhaben.

Er kämpfte sich vorwärts, wie er sich bis jetzt vorwärtsgekämpft hatte, weil er nur die Wahl hatte, weiterzumachen oder zu sterben. Und endlich wurde sein Ausharren belohnt; er sah den Wald vor sich ansteigen, und zwischen den Bäumen, in die Hügelflanke gegraben, eine moosbedeckte Hütte, gestützt von großen Steinbrocken.

Das Mädchen verschwand in der Hütte, als er die Lichtung davor erreichte. Er stockte und ließ seinen Blick über die Schnitzwerke gleiten, die sich wie Wucherungen aus dem schwammig federnden Boden schoben oder von Ästen baumelten. Die meisten der Götzenbilder waren von verborgener oder auch ganz unverhüllter Obszönität. Er wandte die Augen ab und humpelte an ihnen vorbei zum Hütteneingang.

Er trat ein, ohne abzuwarten, daß man ihn dazu aufforderte, und sah das Mädchen mit verstohlenem Katzenlächeln an der Feuerstelle des engen Raumes kauern. Neben ihr saß eine unglaublich verrunzelte, uralte Frau auf einem dreibeinigen Hocker. In die Hockerbeine waren Figuren geschnitzt, die ihn wegschauen ließen, doch seine Blicke wanderten zurück zu dem knittrigen Gesicht und den schwarzen, eingesunkenen Augen, die ihn mit glitzerndem Spott betrachteten. Plötzlich fiel ihm auf, daß hinter der Alten keine Wand war; die Rückseite der Hütte ging in schwarzes Vulkangestein über – eine natürliche Höhle in der Flanke des Berges.

»Ihr seid also den langen Weg von Kwansai bis hierher gekommen, auf der Suche nach dem Sturmkönig und einem Mittel, seine Macht zu brechen?«

Er wickelte den Umhang enger um die Schultern und verzerrte das Gesicht zu einer Grimasse, die ein überlegenes Lächeln vortäuschen sollte. »Eure Kleine hat ein rasches Mundwerk. Aber ich scheine an die falsche Stelle geraten zu sein. Was ich suche, ist Macht.«

»Seid nicht so sicher!« Die Alte neigte sich ihm entgegen, schrill und gehässig. »Das könnt Ihr euch nicht leisten, Lassan-din. Ihr wart Kronprinz von Kwansai, hättet den Thron übernehmen sollen, als Euer Vater starb – und diese Ländereien. Aber jetzt seid Ihr niemand, habt keine Heimat, keine Freunde – gerade das nackte Leben. Nichts ist, was es zu sein scheint... nichts ist je, was es zu sein scheint.«

Lassan-dins Mund erschlaffte; er klappte ihn zu, zum ersten Male sprachlos. *Nichts ist, was es zu sein scheint.* Das Mädchen namens Nichts hockte am Boden und grinste zu ihm auf. Er holte tief Luft, verlagerte wieder das Gewicht, um seinen Rücken zu entlasten. »Wenn Ihr all das wißt, Hexenweib, dann wißt Ihr auch, was ich hier suche.«

Die Vettel stemmte sich ein wenig von ihrem obszönen Hocker in die Höhe; einen Moment lang blitzte ein farbenprächtiges, kostbares Gewand unter dem dunklen Kittel hervor – so wie ihr Inneres hell in den Augen loderte, durch das welke Fleisch ihres verbrauchten Körpers blitzte. »Spart Euch die Schimpfnamen, Fürst der Bettler! Ich stehe im Bund mit der Erde selbst. Eure armseligen Kwansai-Priester, die mich und meine Schwestern ›Hexen‹ nennen, die unsere heiligen Stätten zerstörten und uns in Verstecke jagten, sie wissen nichts um die wahre Macht. Sie sind Narren; sie glauben nicht an die Macht, sind machtlos, Scharlatane. Ihr glaubt daran, sonst wärt Ihr nicht hier.« Sie ließ sich schnaufend zurückfallen. »Ja, ich könnte Euch sagen, was Ihr sucht. Aber ich höre es lieber von Euch selbst.«

»Ich will das, was mir zusteht! Ich will mein Königreich.« Er ging rastlos auf und ab, zwei Schritte hin und wieder zurück. »Ich habe von den Urkräften gehört, all die alten Legenden. Im Volk erzählt man sich, daß die Stürme das Werk von Drachen sind, geboren aus der Vereinigung von Feuer, Wasser und Luft, aus drei der vier Elementarkräfte also. Allein die Erde kann ihrer Wut trotzen. Und ich weiß, wenn ich einen Drachen mit dem richtigen Zauber an sein Lager banne, dann muß er mir geben, was ich mir wünsche, so wie den Helden der Goldenen Zeitalter. Ich möchte mit seiner Macht mein Land zurückgewinnen.«

»Ihr fordert nicht viel, was?« Die Alte erhob sich und kehrte ihm den Rücken zu, warf verstohlen eine Handvoll Irgendwas ins Feuer, daß es böse aufglomm. Sie rührte in dem Kessel, der an einem Haken über den Flammen hing, und spuckte dabei fünfmal in die abscheuliche Brühe. Lassan-din spürte, wie sich ihm der leere Magen umdrehte. »Wenn Ihr den Sturmkönig herausfordern wollt, dann erklimmt den Berg und wimmert nicht mich an!«

»Verdammtes Weib!« Seine Verzweiflung brach sich Bahn, und er wirbelte die Alte mit harter Hand herum. »Ich brauche einen Zauber, einen Spruch, irgend etwas, um einen Drachen in seine Höhle zu bannen. Ich schaffe das nicht mit bloßen Händen.«

Sie schüttelte den Kopf, nicht im geringsten eingeschüchtert, und grinste ihn mit zahnlosem Maul an. »Meine Macht erreicht mich durch den Körper, ich sauge sie auf von Unserer Erdmutter. *Sie* wird nicht auf einen Mann hören, und schon gar nicht auf einen, der ihren Kult mitzerstörte. Geht zu Euren Priestern, welche die Luft verehren, und laßt Euch deren leere Gebete beibringen.«

Er sah den Haß in ihr aufkeimen und spürte, wie der Funke auf ihn übersprang: Der Dolch fuhr aus der verborgenen Scheide in seine Hand, ehe er es gewahr wurde, und richtete sich gegen die schlaffen Halsfalten der Frau. »Ich glaube Euch nicht, Hexenweib! Seht Euch den Dolch da an...« Mit tödlicher Ruhe. »Wenn Ihr mir gebt, was ich suche, gehören Euch die Juwelen, die den Griff schmücken. Wenn nicht, schlitze ich Euch die Kehle durch.«

»Gut, gut.« Sie wich zurück, als die Dolchspitze ihre Haut zu ritzen begann. Er ließ von ihr ab. Sie betastete ihren Hals; das Mädchen saß unbewegt zu ihren Füßen und beobachtete die Szene. »Ich kann Euch etwas geben – einen Zauber. Ich weiß nicht sicher, ob *Sie* Euch gehorchen wird. Aber Ihr tragt den Haß von zehn Männern in Euch – und vielleicht macht das Eure Stimme laut genug, um *Ihre* Kruste zu durchdringen. Dieser Berg ist *Ihr* heilig. *Sie* lauscht immer noch durch seine Ohren, auch wenn *Sie* hier längst nicht mehr atmet.«

»Erspart mir das abergläubische Geschwätz! Erklärt mir nur, wie ich den Drachen in seiner Höhle festhalten kann, ohne daß er mich mit seinen Blitzen erschlägt. Verratet mir, wie ich Feuer mit Feuer bekämpfe...«

»Feuer bekämpft Ihr nicht mit Feuer. Feuer bekämpft Ihr mit Wasser.«

Er starrte sie an, verblüfft über die absurde Logik ihrer Antwort. »Der Drache ist der Gebärer des Sturms. Wie kann einfaches Wasser...?«

»Ein Drache ist ein Anathem. Merkt Euch das, Fürst und König Habenichts. Er ist Chaos, ungezügelte Macht; und Macht hat immer ihren Preis. Das ist der Schlüssel zu allem und jedem. Ich kann Euch beibringen, wie man die Wasser der Erde in seinen Bann bringt; alles Weitere liegt bei Euch.«

Er blieb den ganzen Tag bei den Frauen und lernte im Laufe der Stunden an die Geheimnisse der Erde glauben. Die Vettel sprach Worte, die das Wasser aus dem Brunnen vor ihrer Hütte in Kaskaden hochschäumen ließen; er vergaß Müdigkeit und Schmerzen, während er verblüfft zuschaute. Sie zwang in seiner Gegenwart einen Bach, bergauf zu fließen; sie formte Kristalltropfen, die von den Tannennadeln hingen, zu einem Diadem über seinem Kopf, brachte sie mit einem einzigen Wort dazu, kalt und unaufhaltsam wie Tränen in den Kragen seiner zerfetzten Uniformjacke zu rinnen.

Sie erfaßte den Zorn, der ihn ob ihrer Unverschämtheit schüttelte, und forderte ihn auf, das gleiche zu tun. Er wiederholte die häßlichen alten Bannworte trotzig, arrogant, und nichts geschah. Sie spottete, seine Wut verstärkte sich; sie schmähte, und die Wut schwoll immer mehr an. Er sprach den Bann wieder und wieder... bis er zuletzt die erschreckende Gegenwart einer fremden Macht in sich aufsteigen spürte, eine Antwort auf den Schrei seines Blutes. Die Tropfen an den Bäumen begannen zu zittern und flossen zusammen; er sah, wie sich im schnellen, klaren Bachwasser ein Strudel bildete – die *Erde* hatte ihm gehorcht!

Sein Zorn zerrann bei dem unglaublichen Anblick seines Erfolgs... und mit ihm zerrann die Macht. Betäubt und kraftlos erkannte er, daß allein sein Haß tief und eindringlich genug war, um den Leib der Erde oder auch seinen eigenen zu bewegen. Aber er hatte das Unmögliche geschafft – hatte die Erde gezwungen, einem Manne nachzugeben. Er hatte sein Recht auf den Thron bewiesen, hatte bewiesen, daß er auch den Drachen in seine Knechtschaft zwingen konnte. Er lachte laut auf. Die Alte spuckte stöhnend ins Feuer, rang die Hände, die an knorrige Wurzeln erinnerten, murmelte Flüche. Sie schlurfte auf den Wald zu wie in Trance, drehte sich mit einem Ruck um, als sie die ersten Bäume erreichte, und deutete an ihm vorbei auf das Mädchen, das wie ein Gespenst im Eingang der Hütte stand. »Du glaubst jetzt, du hast die Erde kennengelernt – glaubst, daß *Sie* jetzt dir gehört. Du denkst wohl, du kannst alles nehmen und dir aneignen. Aber du bist genauso ausgehöhlt wie der da und genauso machtlos.« Damit verschwand sie.

Dunkel war durch den trostlosen Wald gesickert, ohne daß es ihm zu Bewußtsein kam. Das Mädchen Nichts führte ihn zurück in die Hütte, teilte mit ihm ein Stück Brot und eine Schüssel der sämigen, absonderlich gewürzten Brühe. Er aß dankbar, aber stumpf sein erstes warmes Mahl seit Wochen; seine Gedanken schweiften aus zu Wachträumen von Festgelagen in Königssälen, die bis ins Morgengrauen gedauert hatten.

Nachdem er seinen Anteil gegessen und die Schüssel ohne Scham mit einer Kruste leergetunkt hatte, erhob er sich und ging die paar Schritte zum entferntesten Winkel der Hütte. Er legte sich auf den harten Stein neben dem Höhleneingang, wickelte sich in den Umhang und schloß die Augen. Der dunklere Umhang des Schlafes senkte sich.

Und dann merkte er verschwommen, daß ihm das Mädchen gefolgt war. Sie stand über ihm und schaute auf ihn herab. Widerwillig öffnete er die Augen und sah, wie sie ihren Kittel abstreifte und nackt neben ihm niederkniete. Ein Stück Bergkristall, von reiner Transparenz und perfekter Form, hing kalt glitzernd zwischen ihren Brüsten. Er ließ die Augen offen, sagte aber nichts.

»Die Alte kommt nicht wieder, ehe du fort bist. Der Anblick eines Mannes, der die Erde anruft, war zuviel für sie.« Ihre Hand fuhr schmeichelnd seine Hüfte entlang.

Er rollte zur Seite und verschluckte einen Fluch, als er den scharfen Schmerz im Rücken spürte. »Ich bin müde. Laß mich schlafen!«

»Ich biete dir meine Hilfe an. Sie hätte dir mehr verraten sollen. Ich werde dir morgen helfen... wenn du heute mit mir schläfst!«

Er schaute in plötzlicher Verzweiflung zu ihr auf. »Bitte, bedien dich! Aber mein Körper wird dir nicht viel Freude machen.« Er zerrte seine Jacke in die Höhe und zeigte ihr die bläuliche Narbe im Kreuz. »Mein Onkel hat keinen richtigen Krüppel aus mir gemacht – aber das wäre mir fast lieber gewesen.« Wenn er nur an eine Frau dachte, spürte er Schmerz – nichts als das.

Sie legte die Hand mit erstaunlicher Zartheit auf die Narbe. »Ich kann auch dagegen etwas tun... eine Nacht lang.« Sie ging weg, kam mit einem Salbentöpfchen wieder und rieb das Zeug langsam in die Narbe ein. Eine sonderbar kühle Wärme durchsickerte ihn; ein sinnliches Prickeln verjagte den bohrenden Schmerz, der in den langen Monaten des Exils sein einziger Begleiter gewesen war. Er stieß die Luft in einem erstaunten Seufzer aus, und das Mädchen legte sich neben ihn, nestelte an seinen Kleidern.

Ihr schmaler Körper war so hart und knochig wie der eines Jungen, aber das ließ sie ihn vergessen. Sie ließ ihn alles vergessen, nur nicht das Gefühl, daß er in dieser Nacht frei von Schmerzen und Sorgen war; daß er in dieser Nacht mit einer Frau schlief, die ihn begehrte, aus welchen Gründen auch immer. Er dachte an verlorene Genüsse, verlorene Freuden, die erst gestern verlorene Jugend... bis das Gestern morgen wurde.

In der Frühe erwachte er mit Schmerzen, allein und angekleidet, verkrampft auf dem harten Boden. *Nichts*... Er machte die Augen auf, sah sie am Fenster stehen und in einem Kessel rühren. *Ein Traum...?* Der grausame Verrat, der Wirklichkeit hieß, kehrte mit zehnfacher Härte zurück.

Sie aßen zusammen, schweigend, er trotzig, sie unergründlich. Nach der letzten Nacht schien es klar, daß sie älter war, als sie aussah – auf die gleiche Weise, wie er sich in der Spanne weniger Monate von einem Kind in einen Greis verwandelt hatte. Und er spürte etwas Wesenloses an ihr, das ihm zuvor nicht aufgefallen war, etwas, das sich schwer fassen ließ und vielleicht nur ein Echo seines Traumes war. »Ich habe letzte Nacht geträumt...«

»Ich weiß«, schnitt sie ihm das Wort ab, federte hoch und strich sich mit den Fingern durch das wirre Haar. »Du träumst laut.« Ihre Miene war verschlossen.

Er spürte, wie sich wieder eine Falte zwischen seine Augen grub. »Ich habe einen langen Aufstieg vor mir. Es ist besser, wenn ich gleich losgehe.« Er schob sich hoch und ging steif zur Tür. Die alte Vettel war immer noch nicht zurückgekehrt.

»Nicht dorthin«, sagte das Mädchen unvermittelt. »Hier entlang.« Als er sich umdrehte, zeigte sie auf den Felsenspalt im Hintergrund der Hütte.

Er blieb stehen. »Das ist der Weg zum Drachen?«

»Nur ein Stück davon. Aber nur halb so anstrengend. Ich führe dich.« Sie riß einen brennenden Kien aus dem Feuer und trat in das Maul der Finsternis.

Er zögerte nur einen Augenblick. Zu lange hatte er in Furcht gelebt; wenn er Angst hatte, dem Hexenmädchen in den Schoß ihrer Göttin zu folgen, dann würde er nie den Mut finden, den Sturmkönig herauszufordern.

Der niedrige Spalt führte in einem steilen Knick nach oben, eine Art Schlauch, vor Jahrtausenden von erkaltender Lava geformt. Das Mädchen stieg zuversichtlich höher, als vertraute es einer Schutzmacht, die ihren Händen und Füßen sicheren Halt gab – einer Macht, auf die er sich nicht verlassen konnte, während er den Schacht erklomm. Das schwache Tageslicht erlosch hinter ihm, und nur der Fackelschein leitete sie durch totale Schwärze, über Felsen, die einmal so rauh waren, daß sie ihm die Haut von den Handflächen schabten, und dann wieder so glatt, daß die Finger abrutschten. Der Tunnel krümmte sich gleich einem Wurm, breiter, enger, steiler, schnellte ein Stück zurück wie im Krampf. Sein Körper verkrampfte sich auch, während er ihn von Vorsprung zu Vorsprung in der steilen Felswand quälte, verdrehte und verwand, gegen den harten Stein scheuerte. Der beißende Fackelrauch trieb ihm Tränen in die Augen und reizte zum Husten; aber das Mädchen kümmerte sich nicht darum, sondern kletterte unermüdlich weiter, ohne Rücksicht auf seine Schwäche. Nur das Wissen um die Strecke, die er bereits zurückgelegt hatte, hielt ihn davon ab, sie zur Umkehr zu bewegen; er konnte nicht glauben, daß dieser Aufstieg einfacher war als der Weg über die Bergflanke. Allmählich schien es ihm, als sei er alle Ewigkeit durch die verqualmte Schwärze gekrochen, als sei das Ganze ein Traum wie das Geschehen der letzten Nacht, aber ein Traum, der nie zu Ende gehen würde.

Das Mädchen sang jetzt leise vor sich hin; die Laute übertönten schwach sein Keuchen. Er überlegte neidvoll, ob sie ihre Kraft aus dem blanken Gestein sog, das sie umgab, dem Leib der Erde. Er selbst spürte keinen Puls im kalten Herz der Felsen; und doch zweifelte er nach dem gestrigen Tag nicht mehr daran, ja, er argwöhnte sogar, daß die Erde selbst seine Kraft auf übernatürliche, böswillige Weise anzapfte. *Ich bin ein Mensch! Ich werde König sein!* dachte er trotzig. Und der Schacht wurde steiler, und seine Hände bluteten.

»Warte!« Endlich keuchte er das Wort hervor; die Beine gaben unter ihm nach, und er drohte zurück in den Tunnel zu rutschen. »Ich kann nicht weiter.«

Das Mädchen, das auf einem flachen Sims über ihm kauerte, drehte sich um, schaute zu ihm herunter und drückte dann die Fackel gegen den Fels, bis sie erlosch.

Sein Protest erstickte zu einem verblüfften Murmeln, als er sah, daß sie sich dunkel gegen einen grauen Schimmer abhob. Sie entfernte sich aus seinem Blickwinkel; der Schimmer ließ nach und nahm dann wieder zu.

Er zog sich hoch, schleppte sich um den letzten Knick des Wurmlochs zu einer Stelle, die Platz genug zum Aufrichten bot – wenn er die Kraft besessen hätte, aufrecht zu stehen. Er kroch begierig in das Licht des Höhleneingangs, fand das Mädchen dort auf den Knien, das Gesicht der Helle entgegengehoben. Er atmete tief die frische Luft ein, die kalt und reinigend durch seine Lungen strömte, und schaute an dem Mädchen vorbei ins Nichts.

Sie befanden sich schwindelerregend hoch an der Bergflanke, jenseits der Baumgrenze, oberhalb einer schroff abfallenden Steilwand, die wohl kein Mensch erklimmen konnte. Zu ihrer Linken donnerte ein Gießbach über die Klippe talwärts. Die Sonne blinzelte ihn aus wolkenverhangenen Höhen an; ihr Winkel verriet ihm, daß sie den größten Teil des Tages benötigt hatten, um den Schacht zu durchsteigen. Er warf dem Mädchen einen Blick zu.

»Du hast Glück«, sagte sie, ohne sich nach ihm umzudrehen. Ehe er über die groteske Ironie dieser Feststellung auch nur lachen konnte, hob sie die Hand und wies zum Berg. »Der Sturmkönig schläft – erschöpft nach dem letzten Unwetter. Ich sah bei Sonnenaufgang den Regenbogen.«

Er spürte eine Woge von Kraft und Hoffnung, sog den gleichgültigen Segen der Heiligen Sonne in sich auf. »Wie lange wird er Ruhe geben?«

»Noch zwei Tage vielleicht. Du erreichst seine Höhle nicht vor Einbruch der Nacht. Schlaf hier und klettere morgen weiter.«

»Und dann?« Er schaute sie erwartungsvoll an.

Sie zuckte mit den Schultern.

»Ich habe dich gut entlohnt«, ... auch wenn er nicht sicher war, in welcher Münze. »Ich verlange eine entsprechende Gegenleistung. Wie kann ich die Bestie in ihrer Schlafstatt festhalten?«

Ihre Hand umklammerte den Bergkristall unter dem Kittel. Sie warf einen Blick in den Höhlenrachen. »Von den Höhen fließen viele Wasser. Vielleicht läßt sich einer der Sturzbäche so umlenken, daß er über den Eingang hinwegschießt.«

»Ein Wasserfall? Ebensogut kann ich eine Rose hochhalten und hoffen, daß ihr Duft ihn fesselt.«

»Wie hat die Alte gesagt? Macht hat immer ihren Preis.« Endlich schaute sie ihn direkt an. »Der Sturm haust hier in sterblicher Gestalt – der Gestalt eines Drachen. Und wie alle sterblichen Geschöpfe leidet er. Seine Kraft liegt in den Schuppen, die ihn bedekken. Der Regen wäscht sie fort – der Sturm bringt seinem Gebärer Qualen. Sie fallen wie Juwelen und brechen im Fall das Licht, dem Regenbogen gleich. Es ist der einzige Regenbogen, den man hier je gesehen hat... ein Zeichen der Hoffnung, weil er ein Ende des Sturms bedeutet; zugleich aber ein Fluch, weil der Sturm wiederkehren wird in alle Ewigkeit.«

»Ich könnte ihn also unterwerfen...« Er hörte nichts sonst.

»Ja. Wenn es dir gelingt, die Erde deinem Willen zu unterwerfen.« Ihre Stimme war ausdruckslos.

Er ballte die Hände zu Fäusten. »Der Haß in mir ist stark genug.«

»Und was wird es kosten, ihn zu lindern?« Sie musterte ihn wieder und warf dann einen Blick zum Himmel. »Der Drache entweiht diesen heiligen Ort; man sollte ihn vertreiben. Mein Volk würde dich wie einen Helden feiern, wenn es dir gelänge, den Drachen in die Flucht zu schlagen. Wie einen Gott. Es braucht einen Gott, der Gutes tun kann...«

Obwohl sie ihn nicht ansah, hatte er immer noch das Gefühl, daß sie ihn beobachtete, seine Antwort genau abschätzte. »Ich bin hergekommen, um meine Probleme zu bewältigen, nicht die euren. Ich will mein eigenes Königreich, nicht die Herrschaft über ein Volk von Schlammwühlern. Ich brauche die Kraft des Drachen – er nützt mir nichts, wenn ich ihn vertreibe.«

Das Mädchen schwieg immer noch und starrte in den Himmel.

»Es ist eine Kleinigkeit für dich, die Wasser zu bewegen – weshalb hast *du* den Drachen nicht längst vertrieben?« Seine Stimme klang rauh in der ausgedörrten Kehle, hart durch ein unbewußtes Schuldgefühl.

»Ich bin Nichts. Ich habe keine Macht – die Alte besitzt meine Seele.« Sie schaute auf den Kristall herunter.

»Warum verjagt sie das Untier dann nicht?«

»Weil sie haßt – wie du. Sie haßt das, was aus unserem Volk geworden ist, unter den neuen Göttern, deinen Göttern. Deshalb tut sie's nicht.«

»Ich glaube, es würde ihr große Freude bereiten, die Ohnmacht der neuen Götter zu beweisen.« Seine Mundwinkel zuckten nach unten.

»Sie will das Alter der Erde erreichen und erst dann sterben – nicht schon morgen.« Das Mädchen verschränkte die Arme, und auch ihre Lippen nahmen einen verkniffenen Zug an.

Er schüttelte den Kopf. »Ich begreife das nicht... weshalb habt ihr unsere Soldaten und unsere Priester nicht mit Hilfe eurer Magie vernichtet?«

»Die Erde beugt sich nur träge unserer Macht, weil *Sie* den Gesetzen der Ewigkeit gehorcht. Ein Pfeil ist klein – aber er fliegt schnell.«

Er lachte kurz und trocken auf. »Ich verstehe.«

»Unter den Steinen dort –« Sie wies mit dem Kinn ins ungewisse Dunkel – »liegt Proviant.« Ihm dämmerte, daß dies hier zu Zeiten der Verfolgung ein Zufluchtsort für die Frauen gewesen sein mußte. »Alles Weitere liegt an dir.« Sie drehte sich um, verschmolz abrupt mit den Schatten.

»Bleib!« rief er und verstand sich selbst nicht. »Du mußt müde sein.«

Sie schüttelte den Kopf, ein schwarzer Umriß in der Finsternis.

»Bleib bei mir – bis morgen.« Es war keine rechte Bitte und keine rechte Frage.

»Warum?« Er glaubte zu sehen, daß ihre Augen das Licht einfingen und widerspiegelten wie bei den Tieren der Wildnis.

Weil ich einen Traum hatte. Er sagte es nicht, sagte auch sonst nichts.

»Unsere Schuld ist beglichen.« Eine schwache Bewegung, und etwas landete auf dem Boden dicht vor ihm. Sein Dolch. Die Edelsteinfassungen im Griff waren leere Löcher. Er bückte sich, um ihn aufzunehmen. Als er wieder hochkam, war sie verschwunden.

»Du wirst eine Fackel brauchen...«, rief er ihr nach.

Ihre Stimme erreichte ihn aus weiter Ferne: »Ich wünsche dir, daß du erhältst, was du verdienst!« Und dann Stille, untermalt vom Dröhnen der Gießbäche.

Während er aß, dachte er nach, ob ihre letzten Worte ein guter oder ein böser Wunsch gewesen waren. Er schlief ein, und durch die Träume, die ihn heimsuchten, geisterte Drachengebrüll.

Mit dem Licht eines neuen Tages begann er wieder zu klettern. Er folgte einem reißenden kleinen Fluß nach oben, der Quelle entgegen, die in der schwebenden Wolkenkrone versteckt lag. Seine eigene Krone kam ihm in den Sinn, und er verlor sich in Gedanken an Vergangenheit und Zukunft; so merkte er kaum, daß sein Atem wie Schluchzen klang, daß Muskeln und Sehnen unmenschliche Qualen ertrugen. Einst war er ein verwöhntes, von Luxus umgebenes Kind gewesen, einziger Sohn seines Vaters – hatte im Auge der Welt gelebt, jede seiner Launen ein Befehl. Nun war er nicht mehr als Nichts, das Hexenmädchen drunten am Berg. Aber er wollte wieder so leben wie einst, ausgestattet mit absoluter Macht, würde jeden Wunsch erfüllt bekommen – er wollte wieder so leben wie einst, und wenn er bis zur Pforte des Himmels aufsteigen mußte, um sein Geburtsrecht zurückzuholen.

Die Stunden verrannen, eine um die andere, unaufhaltsam, und er wußte nur, daß der Himmel sich ganz, ganz allmählich über ihm senkte. Dann hüllte der kalte feuchte Wolkensaum seinen brennenden Körper ein, zog ihn in eine andere Welt grauen Nebels und grauen Schweigens: schwarze, feuchtglänzende Felsflanken und das weiße Schäumen des Katarakts, der aus noch größeren Höhen herabfiel. Sprühnebel verzerrten die Abstände, in welche Richtung er sich auch wandte, und ihm kam zu Bewußtsein, daß er keine Ahnung hatte, wo in diesem Wolkennest die Höhle des Drachen lag. Er hatte darin kein Problem gesehen, hatte darauf vertraut, daß ihm das Mädchen alles sagen würde, was er wissen mußte... warum hatte er darauf vertraut? Diese heidnische Schlampe – seine Hand umklammerte den zerlöcherten Griff des Dolches, glitt ab, zitternd vor Erschöpfung. Er begann, von neuem zu klettern, stieg dem Wasserrauschen nach, da er sonst keinen Führer besaß. Das Licht verschwamm und zerlief, bis die Finsternis, die sich über die Erde draußen gelegt hatte, auch die Nebelwelt und den Schleier seiner Müdigkeit durchdrang. Er legte sich endlich nieder, unfähig, weiterzugehen, und schlief ein im Schutze eines Felsüberhangs.

Er erwachte, überrascht vom Tageslicht. In der Luft lag ein merkwürdig ätzender Geruch, der die Kehle reizte und dessen Ursprung ihm fremd war. Die Atmosphäre knisterte geradezu; sein Haar flatterte, obgleich kein Wind ging. Er hob den Kopf. Nun erkannte er das Gefühl; ein Gewitter war im Anzug. Ein Gewitter im Anzug... hier ein Gewitter? Mit einem Male hellwach, kniete er sich auf und starrte in die Höhlung des Überhangs, der ihn schützte. Und im Morgenlicht konnte er sehen, daß es kein normaler Felsvorsprung war, sondern eine breite Spalte, die in die Flanke des Berges führte – breiter und höher als drunten in der Hütte. Der helle Tag vermochte ihre Tiefe nicht auszuloten, aber in der fernen Schwärze flickerte vage ein unnatürliches Licht. Seine Haare richteten sich in der elektrischen Brise auf, er spürte, wie seine Haut zu prickeln begann. *Ja... ja!* Ein leiser Schrei entrang sich seinen Lippen. Er hatte gefunden, was er suchte! Ahnungslos hatte er die ganze Nacht vor dem Eingang der Drachenhöhle geschlafen. Reine Gewohnheit ließ ihn den Göttern danken, bis er sich eines anderen besann... Er murmelte der Erde unter sich ein *Danke* zu, ehe er sich aufrichtete. Ein greller Blitz umspielte ihn; ein Grollen wie ferner Donnerschlag brachte die Felsen zum Wanken, und er wagte nicht zu atmen. Erwachte der Drache aus seinem Schlaf?

Doch nichts rührte sich mehr, und er löste sich aus seiner Erstarrung. Zwei Tage, hatte das Mädchen gesagt, würde der Drache wohl schlafen. Und nun stand Lassan-din die letzte Prüfung bevor. Er mußte die Bestie einsperren. Zu seiner Rechten hörte er das unablässige Lied des Katarakts. Aber reichten die Wasser, um den Höhlenausgang abzublocken? Reichten sie aus, um den Drachen gefangenzuhalten, oder würde das Ungeheuer ihn mit Blitz und Donner zerschmettern, um dann seinen Leichnam durch Regenfluten von den Höhen zu spülen ...? Konnte er überhaupt einen Tropfen Wasser bewegen, hier und jetzt? Oder würde er entdekken, daß all die tausend Zweifel, die in ihm nagten, nicht nur sinn-, sondern auch gegenstandslos waren?

Er schüttelte alles ab und begab sich ein Stück den nebelverschleierten Hang hinunter, damit er einen besseren Blick auf den Höhleneingang und den Bergbach werfen konnte. Ein dünnes Rinnsal tropfte bereits über die Felskante oberhalb des Eingangs, aber der Hauptstrom wurde von einer hochgeschobenen Falte des Lavagesteins abgelenkt. Wenn er den Wasserlauf ändern und nur einen Moment lang seinem Willen unterwerfen konnte...

Er stieg in die nackte Felswand ein, bis er über der Höhle stand und einen Blick auf das Ding aus flüssigem Stahl und schäumendem Weiß warf, das er bewegen mußte. Fast erschien es lebendig, und er fühlte sich schon vom Hinschauen erschöpft, besiegt, völlig nichtig. Aber der Berg, auf dem er stand, war mächtiger als der Fluß, und er wußte, daß die Erde genug Kraft in sich barg, den Lauf der Wasser zu ändern. *Er* allerdings gab den Anstoß, *sein* Wille mußte die Kraft anzapfen, die er vor zwei Tagen in seinem Innern gespürt hatte, und sie seinen Zielen unterwerfen.

Er stellte sich mit breit gespreizten Beinen hin, sammelte alle Energie und versuchte das magische Gefühl von damals wiederzufinden. Er murmelte die Zauberworte, die gleich einem Trichter die Macht in sein Inneres lenken sollten – und spürte nichts. Er sagte die Worte noch einmal, legte seine ganze Kraft hinein. Wieder nichts. Die Erde lag schweigend und träge unter seinen Füßen.

Haß quoll in ihm auf gegen den Hochmut der Erde und gegen die seltsamen Frauen, die *Ihr* dienten – der eifernde, fordernde Haß, der ihn schon einmal empfänglich für die Macht hatte werden lassen. Und auch diesmal spürte er, wie sie sich zu regen begann, schwerfällig, schlecht zu fassen. Aber das Wasser schoß in seinem gewohnten Bett dahin. Er setzte seinen ganzen bewußten Willen daran, die Richtung zu *ändern, ändern, ändern* – aber immer noch zauderte die Erdmacht und verhöhnte ihn. Er gab die

Bannworte schließlich auf; und das Kribbeln, der Hauch von fremder Energie verebbte. Seine eigene Kraft war völlig verbrannt.

Er setzte sich auf den nassen Stein und hörte, wie der Fluß vor Lachen gurgelte. Er war so sicher gewesen, daß er bei seiner Ankunft hier die nötige Stärke aufbringen würde... *Der Haß in mir ist stark genug,* hatte er dem Mädchen versichert. Aber nun bekam er ihn nicht in den Griff. Nicht den wahren Haß, der ihn so weit über die Grenzen seiner Kraft und Erfahrungen hinausgetragen hatte. Er begann sich auf jenen Haß zu konzentrieren und die Triebfedern, die dahintersteckten: Verlust, Schmerz, Entbehrung, Angst...

Sein Vater war ein mächtiger Herrscher über die Ländereien gewesen, die einst seine Vorfahren erobert hatten. Und er hatte seine Königin, Lassan-dins Mutter, sehr geliebt. Als sie starb, kam er nicht los von seinem Leid, und er verwandelte sich in einen rücksichtslosen, eisenharten Mann – in einen Despoten, launisch, grausam, nie bereit, auch nur einen Zoll seiner Macht an andere abzugeben – nicht einmal an seinen verzärtelten, ungefestigten Sohn. Eine Krankheit verzehrte schließlich seine Kräfte und raubte ihm den Verstand. Und Lassan-din, jung und unerfahren, war hilflos gewesen, nicht dazu fähig, den Verrat des machthungrigen Onkels abzufangen. Sein eigener Leibwächter hatte ihn angegriffen, als er im Tempel betete (*im Tempel!* Er biß die Zähne zusammen), und verstümmelt. Er kam mit dem Leben davon, aber nur, um zu entdecken, daß es seine bisherige Welt nicht mehr gab. Ein Gehetzter im eigenen Land, irrte er ohne Freunde umher, vertraute er keinem – mußte lügen, stehlen und im Dreck wühlen, um zu überleben. Er hatte sich von Abfällen ernährt, die man Hunden hinwarf, und im Regen auf blankem Boden gelegen, die schwärende Wunde im Rücken, die ihm den Schlaf raubte...

Er durchlebte jeden Tag, jeden Moment seines Leidens und seiner Demütigung noch einmal und spürte, wie Haß und Rachedurst anschwollen. Die Erde haßte das Untier, das *Ihre* heilige Stätte besudelte, hatte das Mädchen gesagt... aber nicht mehr, als er den Mann haßte, der sich widerrechtlich seinen Thron angeeignet hatte. Er rappelte sich wieder hoch, obwohl jeder Muskel brannte, und streckte die Hände aus. Er schrie die Bannworte mit lauter Stimme, als könnten sie bis in sein Heimatland vordringen.

Sein Heimatland. Er würde es wiedersehen, von neuem in seinen Besitz bringen...

Die Macht durchflutete ihn mit dem letzten Wort, lähmte jeden Nerv, nahm ihm selbst den Atem in der Kehle. Furcht und Ekstase brodelten in dem Mahlstrom seiner Gefühle, und Macht explodierte gleich einer Sonne hinter seinen Augen. Aber durch den Feuerschleier, der ihn blendete, sah er, wie sich das Wasser aus seinem Bett hochwälzte, ein stählerner Wall, weißgesäumt, der überkippte und in sich selbst zusammenfiel. Es schoß auf ihn zu, eine furchterregende Sintflut, die ihn zu ertränken drohte. Aber sie rauschte an ihm vorbei und ergoß sich über die Felskante am oberen Rand des Höhleneingangs. Schaumwirbel umschwappten seine Füße, weichten seine fleckigen Beinkleider auf.

Die Kraft verließ ihn im gleichen Maße, wie die Wucht der anstürmenden Wasser verrann. Er holte einmal und noch einmal tief Luft und wich vor der Nässe zurück. Sein Körper bewegte sich schwerfällig, schlaff, ausgepumpt, eine leere Hülle. Aber sein Geist war erfüllt von Freude und Triumph.

Der Boden unter seinen Füßen zitterte, zerstörte den Jubel, und er kam schwindlig zurück in die Realität. Er preßte die Hände gegen die Schläfen, als Schmerz seine Sinne durchdrang, eine Tollheit, die jedes zusammenhängende Denken vertrieb – ein Schmerz, der nicht sein eigener war.

(Wasser...!) Nicht nur der Wunsch danach, sondern Zorn und Verwirrung, das Entsetzen eines Geschöpfes, gefangen in einer Flut geschmolzenen Feuers. *Der Drache.* Unvermittelt erkannte er, was sich seiner bemächtigt hatte – erkannte er, daß er noch keine Sekunde darüber nachgedacht hatte, wie der Sturm sich mit einem Menschen verständigen konnte: nicht mittels Menschensprache, sondern fremdartig, elementar. Sicher floß ein Teil des Wasserfalls, den er geschaffen hatte, in die Höhle des Drachen... Befriedigung machte sich breit. »Drache!« Er rief mit Gedanken und Stimme zugleich.

(Wer ruft? Wer peinigt mich? Wer besudelt mein Lager? Zeig dich, Sklave!)

»Zeig du dich, Sturmkönig! Komm aus deiner Höhle und vernichte mich – wenn du kannst!« In der Wildheit seiner Herausforderung schwang eine Spur von Entsetzen mit.

Die Wut des Drachen füllte seine Gedanken, bis Lassan-din glaubte, der Schädel müsse ihm zerspringen. Der Boden bebte unter seinen Füßen. Aber die Wut wandelte sich in Verzweiflung und erlahmte, als habe das Tor aus flüssigem Eisen sie zusammen mit ihrem Besitzer abgeblockt. Er rang nach Luft, zwang seinen Körper mit großer Willensanstrengung zur Ruhe. Die Stimme des Drachen fegte seine Gedanken wieder beiseite, zertrampelte sie; aber er wußte nun, daß die Bestie ihn nicht erreichen konnte, und er ertrug den Ansturm ohne Zurückweichen.

(Wer bist du, und was suchst du hier?)

Er spürte eine zögernde Resignation in den formlosen Worten, den Anflug eines Rituals, so alt wie der Regen.

»Ich bin ein Mensch und habe Anspruch auf einen Thron. Ich komme zu dir, dem König der Stürme, damit du mir hilfst, mein Königreich wiederzugewinnen.«

(Darum bittest du mich? Deine Bedürfnisse sind ohne Belang, Mensch. Du bist geboren für das Elend, bist dazu geschaffen, im Schmutz zu kriechen, zu kämpfen und zu unterliegen gegen die Mächte von Luft, Feuer und Wasser. Du hast keine Bedeutung, du bist für mich weniger als nichts!)

Lassan-din spürte die Wahrheit dieser Antwort, das Gewicht der Verachtung, die vom Drachen ausging. »Mag sein«, sagte er bitter. »Aber dieser bedeutungslose Mensch hat dich mit dem gütigen Segen der Erde eingesperrt. Und ich sehe keinen Grund, dich je wieder freizulassen, es sei denn, du versprichst mir deine Hilfe.«

Der Haß des Sturmgeschöpfes wallte von neuem in ihm auf, so ähnlich dem eigenen Haß; es grollte und wütete im hohlen Berg. Aber wieder überlagerte ein tiefer Schmerz den Haß, und der tosende Sturm ließ nach. Lassan-din fing Phantombilder von Felsmauern auf, heller und dunkler im Spiel des Lichts, nahm den Geruch von Wasser wahr.

(Wenn dir die Erde ihre Kraft leiht, weshalb suchst du dann noch meine Hilfe?)

»Die Erde bewegt sich träge« (*und unzuverlässig*, aber das sagte er nicht). »Ich wünsche mir eine Wut, die der meinen gleichkommt.«

(Arroganter Narr,) wisperte die Stimme, (du besitzt kein Maß meiner Wut.)

»Dein Zorn läßt Mauern einstürzen und Türme bersten. Du kannst befestigte Burgen zerstören – mitsamt den Leuten, die sie verteidigen. Ich weiß, was du vermagst.« Er ließ sich nicht einschüchtern. »Wenn du schwörst, mir zu helfen, gebe ich dich wieder frei.«

(Du willst, daß ich eine Burg für dich zerstöre? Ist das alles?) Ein falscher Klang, der Vernunft vortäuschte, lag nun über den Gedanken, welche der Drache aussandte.

»Nein. Ich will auch für mich einen Teil deiner Stärke – zum Schutz vor meinen Feinden.« Er hatte ein halbes Hundert kalter, schlafloser Nächte verbracht, um diese Worte vorzubereiten, hatte sein Gedächtnis nach Bruchstücken von Drachensagen durchforscht, hatte versucht, die Grenzen seines Handelns auszuloten.

(Wie könnte ich das? Ein Teil meiner Stärke geht höchstens dann auf dich über, wenn ich dich damit erschlage!)

»In meinem Volk erzählt man sich, daß die Helden der Goldenen Zeitalter Panzerhemden aus Drachenschuppen trugen, die sie unbezwingbar machten. Kannst du mir soviel geben?« Er stellte die Frage direkt, da er wußte, daß der Drache der Wahrheit zwar ausweichen konnte, durch strenge Naturgesetze jedoch verpflichtet war, nie zu lügen.

(Das kann ich.) Widerstrebend. (Ist das alles, was du von mir verlangst?)

Lassan-din zögerte. »Nein. Noch eines.« Vorsicht, wenn auch sonst nichts, hatte ihm sein Vater beigebracht. »Einen Wunsch irgendwann in der Zukunft – einen freien Wunsch, dessen Erfüllung in deiner Macht steht.«

Der Drache murrte tief im Innern des Berges, und Lassan-din spürte seine wachsende Verzweiflung, als immer mehr Wasser in seine Höhle floß. (Wenn es in meiner Macht steht, ja!) Dunkle Wolken des Zorns erfüllten sein Inneres. (Laß mich frei! Du sollst alles bekommen, was du verlangst!) – *und noch mehr*... Hörte er diesen Zusatz wirklich, oder war es ein Echo seiner eigenen Gedanken? (Laß mich frei und betritt meine Höhle.)

»Ich kann den Bann, den ich löse, zu jeder Zeit von neuem beschwören.« Es ging ihm weniger darum, den Drachen zu warnen als sich selbst Mut zu machen. Er sammelte sich, diesmal gefaßt auf das Ergebnis, das er mit ganzer Kraft *wollte*, selbstsicher geworden durch den ersten Erfolg. Und die Erde gehorchte ihm noch einmal. Er sah den Fluß, grausilbern aufgebäumt wie eine Schlange, in sein altes Bett zurückschäumen; das Höhlenmaul gähnte ihm mit tropfenden Fängen entgegen. Er stand allein an der Bergflanke, betäubt vom eigenen Herzschlag und dem dröhnenden Schweigen der Flußstimme. Und dann holte er seine Kraft zurück, rutschte und schlitterte hinunter zum Eingang der Drachenhöhle.

Der Flackerschein des Drachenfeuers führte ihn tief in ein Labyrinth von Felsenstollen. Seine Stiefel glitten auf dem feuchten Steinboden aus. Die Haare standen ihm in die Höhe, und in den Fingerspitzen kribbelte statische Ladung; die Luft roch nach Ozon. Das Licht nahm zu, als er um eine letzte Felsenkante bog, loderte auf und prallte gleißend von den Wänden wider, pinnte ihn fest wie ein Kriechinsekt. Er stieß einen Schrei aus.

Allmählich verblaßte der Schein zu einer erträglichen Helle, ließ ihn beobachten, so wie er beobachtet wurde, zeigte ihm die aufgetürmten, verwundenen, teerschwarzen Formationen aus erstarrtem Magma, welche die Höhle umschlossen… und zeigten ihm das Ding im Mittelpunkt, das sein Herz zum Stillstand brachte. Eine halbe Ewigkeit starrte er den Sturmkönig schweigend an.

Eine Flimmerschicht abgeworfener Schuppen war sein Lager, und Lassan-din konnte kaum sagen, wo die Kuhle endete und der Leib des Untiers begann. Der Drache sah ganz anders aus, als in den Legenden beschrieben, und doch genauso, wie er es erwartet hatte (und irgendwie fand er keinen Widerspruch darin): Kräftige, gepanzerte Klauen, kristallhart, wühlten in dem Regenbogengeglitzer der Lagerstatt; über die geballten Muskeln der Vorderpfoten spielte ein wellenförmiger Lichtreflex. Der Drache besaß keine Hinterpfoten, sein Körper ging in das fließende Geringel eines Schlangenleibes über, der sich durch den farbenprächtigen Schuppenberg wob. Gewaltige, in Segmente unterteilte Schwingen, fledermausledrig, schmetterlingszart, verdeckten die Kraft des Ungetüms. Ein langer, geschmeidiger Hals reckte sich ihm entgegen; rote Facettenaugen leuchteten von innen aus einer Art Katzengesicht, gräßlich verzerrt und mit spitzen Fängen bewehrt. Aus der Stirn wuchsen Bockshörner, und über die Rückenwirbel tanzten grünliche Reflexe. Die Größe des Drachen war etwas, das er leicht hätte beschreiben können, und doch schien sie irgendwie unermeßlich, jenseits seiner Vorstellung.

Dies also war das Geschöpf, das er herausgefordert und mit seinem armseligen Bannspruch in die Enge getrieben hatte... der maßlose, erbarmungslose, zeitlose Dämon der Lüfte. Sein Körper begann zu zittern, zeigte mehr Logik als er selbst. Aber er *hatte* das Untier in die Enge getrieben und ihm ein Versprechen abgetrotzt – und nun stand er sogar heil vor seinem Lager. Er zwang die zitternde Stimme zu einem kühnen, weithin tragenden Tonfall. »Hier bin ich. Wo hast du meinen Panzer?«

(Zieh deine armseligen Gewänder aus und komm näher. Meine Kraft sitzt in meinen Schuppen. Wälz dich in ihnen! Aber bedenke eines, ehe du diesen Schritt wagst! Vielleicht wird es dir schwerfallen, den Panzer und die Macht, die du mit mir teilst, wieder loszuwerden. Nimmst du das in Kauf?)

»Weshalb sollte ich mir wünschen, die Macht wieder loszuwerden? Ich nehme alles in Kauf. Macht ist das Wesen aller Dinge.«

(Aber Macht hat ihren Preis, und wir wissen nicht immer, wie hoch er ist.) Der Drache warf sich hin und her, als er bei dem Gedanken an den Preis der Macht die Nässe unter seinem Lager spürte; immer noch standen Wasserpfützen auf dem Höhlenboden.

Lassan-din runzelte die Stirn, glaubte eine Arglist herauszuhören, weil er mit einer gerechnet hatte. Er streifte ohne Zaudern seine Kleider ab und ging quer durch die geräumige, schattenumhuschte Höhle auf die glitzernde Lagerstatt zu. Er wühlte sich unter dem tückischen Blick des Drachen in die kühlen Schuppenplättchen. Sie waren feucht und erstaunlich leicht, hafteten an der Haut wie der Staub von Schmetterlingsflügeln. Sobald er völlig damit bedeckt war und selbst in seinem Haar Myriaden winziger Lichtpunkte schimmerten, senkte der Drache den Kopf. Die gräßliche Katzenfratze hing dicht über ihm. Er zuckte zurück, als das Untier den Rachen aufriß und Reihe um Reihe nach innen gekrümmter Zähne entblößte, angestrahlt von einer Lichtfackel in der Tiefe seines Schlundes. Die Bestie hauchte ihren Atem über ihn, und Lassan-dins Schrei hallte in der Höhle wider, während Blitze über seinen ungeschützten Körper züngelten.

Aber die lähmende Geißel des Schmerzes schwand so rasch, wie sie über ihn hinweggefegt war, und nach einem Blick auf seinen Körper entdeckte er, daß die Schuppen zu einem feinen Panzer zusammengeschmolzen waren, geschmeidig wie die Haut selbst und ein Teil von ihm. Seine schuppenüberzogenen Finger betasteten einander verwundert, Hände eines fremden Geschöpfs.

(Jetzt komm.) Ein großer schimmernder Flügel spannte sich aus, um ihn zu stützen. (Halte dich gut fest, bis du an mir klebst wie der Panzer an deiner Haut! Ich will mein Versprechen gleich einlösen, dann ist die Sache vorbei.)

Er zog sich vorsichtig auf den Reptilnacken, saß rittlings auf und umklammerte den Drachen ein wenig zaghaft, als zweifelte er an seiner Realität.

Der Drache glitt unvermittelt von seinem Lager, mit einem Zischen und Grollen, das den geschlossenen Raum erschütterte. Wind kam auf; Lassan-din fühlte sich in einen Strudel kalter, beängstigender Energie gerissen, die ihm den Atem nahm. Er sah und hörte nichts, als er aus dem Höhlendunkel ins Freie geschleudert wurde.

Blitze flickerten und züngelten, drangen durch seine geschlossenen Lider, spalteten sein Bewußtsein; Donner lag ihm schwer auf der Brust, hallte durch Muskeln und Knochen wie der gewaltige Druck einer Lawine. Regen peitschte, trieb ihm in die Augen, prasselte auf ihn ein, ohne jedoch seinen Schuppenpanzer aufzuweichen oder zu durchdringen.

In den ersten wilden Momenten des Sturms hatte er einen scharfen Schmerz gespürt, der nicht sein eigener war, sondern ein Teil des Drachen, in sein Bewußtsein verflochten: die Wut von Regen und Sturm zerrte an ihrem Gebärer. Aber nun fühlte er weder Schmerz noch sonst etwas. Selbst der Drache unter ihm löste sich in Nichts auf. Das Toben des Sturms war die einzige Realität; er nahm nur die rohe, unerbittliche Macht um sich wahr, die ihn seinem Ziel entgegenfegte.

Nach einer Ewigkeit im Sturm verloren, fand er die Sicht wieder, spürte das Muskelspiel des Drachen unter seinen Händen. Die Wolken zerrissen, und als er die Augen an die Umwelt gewöhnt hatte, sah er vor sich in der Tiefe die grauen Mauern und Zinnen der Burg, die einst ihm gehört hatte ... und ihm bald wieder gehören würde. Er stieß ein halb wahnsinniges Triumphgeschrei aus, fühlte die aufwallende, unbezwingbare Kraft des Drachen in sein Inneres strömen. Er sah aus der Höhe die winzigen, angstgeschüttelten Gestalten jener Männer, die ihn gequält und besiegt hatten, sah, wie sie sich vor dem Schicksal duckten, das auf sie herabstieß – Würmer. Und dann wich das Bild einer grellen Energieentladung; Blitz um Blitz schlug in die Mauern, und die Schreie der Krieger gingen im Donnertoben unter. In seinem Innern drehte sich alles, und er spürte von neuem, wie sich die Form des Drachen unter ihm auflöste; ungläubig fühlte er sich mit dem Regen in die Tiefe sinken... »Nein! Nein!«

Dann kam er zu sich, und er stand inmitten der rauchenden Zinnen seiner Burg. Um ihn waren Sturm, Flammen und Trümmer, doch die rußgeschwärzten, angstvollen Gesichter der geschlagenen Verteidiger blickten wie gebannt zu ihm auf; man zeigte mit ausgestreckten Fingern auf ihn; wie von weit weg erreichten ihn ihre Schreie. Ein Pfeil traf ihn an der Brust und noch einer an der Schulter. Er wankte, aber die Spitzen prallten von seinem Panzer ab, ohne Schaden anzurichten. Ein Sonnenstrahl fand seinen Weg durch die Wolken und entzündete ein Feuerwerk auf den Schuppen. Schon ließ die Gewalt des Sturmes nach; hoch droben schleppte der Drache bei seinem Rückzug einen Regenbogen aus Schuppen hinter sich her. Die Sturmstimme erreichte sein Inneres ein letztes Mal. (Du hast bekommen, was du wolltest. Möge es dir die Freude bringen, die du verdienst.)

Einer nach dem anderen fielen die Überlebenden vor ihm auf die Knie.

Lassan-din war auf den Schwingen des Wirbelsturms aus dem Exil heimgekehrt, und sein Volk beugte sich vor ihm, nicht in Liebe, sondern in Scheu und Entsetzen. Er gewann sein Geburtsrecht und seinen Thron zurück und vertrieb unbarmherzig jene, die das Reich an sich gerissen hatten, auch wenn es ihm nie gelang, die Erinnerung an das zu vertreiben, was sie ihm angetan hatten. Sein verräterischer Onkel hatte beim Angriff des Drachen den Tod gefunden und war so Lassan-dins heiß ersehnter Rache entgangen, der Vergeltung jener Wunde, die den jungen Mann zum Krüppel gemacht hatte. Er trug seine Bitterkeit wie die glitzernde Drachenhaut und konnte weder die eine noch die andere abschütteln. Sein Volk haßte und fürchtete ihn wegen des unheimlichen Schimmers; haßte ihn noch mehr wegen der Härte, mit der er seinen Herrschaftsanspruch verankerte. Sie sahen in ihm das lebende Symbol der Unmenschlichkeit, die sein Onkel und auch sein Vater ausgestrahlt hatten. Aber er kannte keine andere Art, Menschen zu regieren; er konnte nur fortsetzen, was sein Vater begonnen hatte, und er bewies seinem Volk wieder und wieder, daß es keine Flucht vor dem gab, was er geworden war. Nicht für sie, nicht für ihn.

Sie nannten ihn den Sturmkönig, und er besaß all die Macht, von der er je geträumt hatte – aber sie brachte ihm keine Freude und innere Ruhe; es gab kein Entrinnen vor der Erkenntnis, daß er verhaßt war, und kein Entrinnen vor dem ewigen Schmerz im Rücken. Er war mehr und weniger als ein Mensch, aber er war kein richtiger Mensch. Er war nur der König. Sein Wohlbefinden und sein Glück blieben den anderen gleichgültig, ausgenommen dann, wenn es auf ihr eigenes Wohlbefinden und Glück abfärbte. Kein Gedanke, kein Wort, kein Handeln, das nicht der Eigensucht entsprang, wurden ihm vorgetragen; und mehr und mehr mied er jeden Kontakt mit dieser Schein-Intimität.

Er lag wieder allein in seinen Gemächern, in einer Nacht, die schwarz und amorph war wie alle seine Nächte. Zwischen seidenen Laken träumte er, daß er Hunger litt und auf hartem Stein schlief. Schmerz weckte ihn. Er trank Portwein (was er in letzter Zeit allzuoft tat), bis er wieder einschlief, und glitt in den Traum, den er vor langer Zeit in einer Hexenhütte geträumt hatte, einen Traum, der vielleicht mehr gewesen war... Aber er schrak auch aus diesem Traum hoch; und beim Erwachen fielen ihm die Abschiedsworte des Hexenmädchens ein, Worte, deren Echo der Sturm ihm zugetrieben hatte: »Ich wünsche dir, daß du erhältst, was du verdienst.«

Am gleichen Tage noch verließ er seine Festung, wo die neuen Mauern weiß zwischen den alten Steinen aufstiegen; übergab die Herrschaft seinen Räten, die er mit der Drohung einschüchterte, der Drache könne zu jeder Stunde zurückkehren; verließ seine Heimat und machte sich noch einmal auf die Reise nach dem trostlos grauen Land, in dem er die Zeit seines Exils verbracht hatte.

Diesmal kam er nicht als Bettler in das Dorf Wydden, sondern als Eroberer, dem die Unterworfenen Tribut zollten. Keiner der Bewohner erkannte den einen im anderen oder wußte, weshalb er ausgerechnet den Dorfpriester aus seinem elenden Tempel zerren und in den Straßenschlamm werfen ließ.

Aber an jenem verhangenen Tag, da Lassan-din endlich den Weg durch die tropfenden Wälder am Fuße des alten Vulkankegels fand, legte er die Siegerpose ab. Er wanderte allein zu der schäbigen Hütte, die sich an die düstere Bergwand duckte, erlitt die Nässe und die Kälte wie jeder einsame Fremde.

Unvermittelt trat er auf die Lichtung hinaus und entdeckte am Brunnen eine Gestalt im schlammverspritzten, erdbraunen Kittel. Sie erwartete ihn ohne das geringste Staunen. Er wußte sofort, daß er nicht die alte Hexe vor sich hatte, aber das Erkennen dauerte länger. Vor ihm stand das Mädchen Nichts, in Frauengewänder gehüllt, das braune Haar geflochten und aufgesteckt, zur Frau herangereift. Er blieb stehen und streifte die Kapuze seines Umhangs zurück, damit sie sein schimmerndes Gesicht sehen konnte – obwohl er sicher war, daß sie ihn längst erkannt und erwartet hatte.

Sie verbeugte sich scheinbar unterwürfig. »Der Sturmkönig beehrt mein bescheidenes Heiligtum.« Ihre Stimme klang alles andere als unterwürfig.

»Dein Heiligtum?« Er trat einen Schritt vor. »Wo ist die Alte?«

Sie verschränkte die Arme, wie um ihn abzuwehren. »Fort für alle Zeiten – so wie ich es auch von dir vermutet hatte. Ich aber bin geblieben und habe ihren Platz eingenommen. Ich heiße jetzt Fallatha, die Erdpriesterin. Und dein Namenspatron haust immer noch im Berg und bringt Leid auf alle herab, die in seinem Wolkenschatten leben... Ich dachte, du hättest alles von hier mitgenommen, was du konntest, und alles erreicht, was du wolltest. Warum tauchst du jetzt von neuem auf, kehrst zurück wie ein Bettler?«

Sein Mund wurde schmal. Aber diesmal zügelte er die arroganten Worte, die ihm allzu leicht über die Lippen kamen – dachte daran, daß er sich auf dem Weg hierher fest vorgenommen hatte, zu bitten und nicht zu fordern. »Ich komme, weil ich noch einmal deine Hilfe benötige.«

»Was könnte ich wohl unserem großen Herrscher anbieten? Meine Bannworte sind schwach im Vergleich mit der Sturmgewalt. Und mein armseliger Körper gibt dir wenig...«

Er zuckte zusammen bei dem spöttischen Echo seiner eigenen Gedanken. »Einmal war es anders, in der Nacht, an die wir uns beide erinnern – als ich durch dich meinen Körper wieder fühlte.« Er spielte mit den Worten. Seine Blicke suchten die Rundung ihrer Brüste, die der lose Kittel nicht ganz verbarg.

»Es war ein Traum, ein Wunsch, nicht mehr. Es ist nie geschehen.« Sie schüttelte den Kopf, die Züge immer noch verschlossen. Aber in der Stille, die sich zwischen ihnen senkte, hörte er einen schwachen, unheimlichen Laut, der ihn erstarren ließ: Irgendwo im Wald weinte ein kleines Kind.

Fallatha warf unbedacht einen Blick über die Schulter zur Hütte hin, und er wußte, daß es ihr Kind war. Sie trat ihm in den Weg, als er losrannte, ließ ihn dann aber gewähren und folgte ohne Widerstand. Er fand das Baby in der Hütte, in einem Bettchen aus duftendem Kiefernholz; es war in eine Decke gewickelt und schrie. Mitternachtschwarzes Haar, dunkle Augen, braune Haut – es war sein Kind. Das wußte er mit einer Sicherheit, die nichts mit dem Aussehen des Kleinen zu tun hatte. Er kniete nieder und schlug die Decke zurück – zuckte zurück, als es nackt vor ihm lag. »Ein Mädchen.« Seine Stimme klang dumpf vor Enttäuschung.

Fallathas Blicke verrieten, daß sie begriff, was in ihm vorging. »Natürlich. Ich könnte einen Sohn ebensowenig gebrauchen wie du diese Tochter. Wäre es ein Junge gewesen, ich hätte ihn im Wald ausgesetzt.«

Sein Kopf ruckte zornig hoch, aber aus ihren Augen peitschte ihm Verachtung entgegen. Er schaute wieder sein Kind an und fühlte sich beschämt. »Dann ist es also doch geschehen...« Er umschlang seine Knie mit den Armen. »Warum?« Wieder musterte er Fallathas Züge.

»Aus einer Reihe von Gründen, die du wohl nicht verstehen würdest... Einer davon war, meine Freiheit wiederzugewinnen. Die Alte hatte mir die Seele gestohlen und in einen Baum gebannt, weil sie eine Sklavin brauchte. Ich fürchtete, daß sie eines Tages sterben würde, ohne mir zu verraten, wo sich der Baum befand. Ohne Seele hatte ich keinen Mittelpunkt, keine Kraft, keine Realität. So holte ich eine neue Seele in mein Inneres – seine.« Und sie lächelte mit einemmal das wimmernde Baby an. »Mit der neuen Seele als Sammelpunkt für die Kraft zwang ich die Hexe, mir mein Ich wiederzugeben. Und dann, als ich zwei Seelen besaß –« Das Lächeln verhärtete sich –, »raubte ich die ihre. Die Alte irrt jetzt durch Wälder und sucht ihr Eigentum. Aber sie wird nichts finden.« Fallatha berührte den Bergkristall, der zwischen ihren Brüsten hing; der früher eisklare Schmuck zeigte nun einen rauchgrauen, wolkigen Schimmer.

Lassan-din unterdrückte einen Schauder. »Aber warum ausgerechnet mein Kind?« *Mein Kind.* Er mußte das Baby immer wieder anschauen. »Sicher hätte dir jeder Dorfbursche gern den Gefallen erwiesen.«

»Weil in deinen Adern edles Blut fließt. Weil du ein Herrschersohn warst – weil du König bist.«

»Das spricht nicht unbedingt für edles Blut.« Er verblüffte sich selbst mit seiner Ehrlichkeit.

»Du hast die Erde angerufen, und *Sie* hat dir geantwortet. Ich hatte noch nie zuvor erlebt, daß *Sie* sich vor einem Mann beugte. Außerdem warst du in Not.« Ihre Stimme klang unerwartet weich. »Es heißt, daß ein Akt des Mitgefühls eine sanfte Seele zeugt.«

»Und nun hoffst du sicher auf eine Art Belohnung.« Er stieß die Worte mit gewohnter Schärfe hervor. »Gier und Mitleid – die rechten Paten für das Kind. Sie spiegeln den Charakter der Eltern wider.«

Sie zuckte mit den Schultern. »Ich glaube, du siehst nur, was du sehen willst. Aber selbst ein Blinder wäre weitsichtiger als du.« Sie zog die Stirn kraus. »*Du* suchst Hilfe bei mir, Lassan-din – nicht umgekehrt.«

Er rieb die schuppenglitzernden Hände gegeneinander, eine Geste, die seit langem zur Gewohnheit geworden war. Sie raschelten schwach. »Hat – hat die Kleine schon einen Namen?«

»Noch nicht. Wir warten meist das erste Lebensjahr ab. Zu viele sterben in dieser Spanne. Besonders heutzutage.«

Er wich ihrem Blick aus. »Was hast du mit – mit unserem Kind vor?« Die plötzliche Erkenntnis, daß ihm das ungeheuer wichtig war...

»Es wird hier bei mir aufwachsen und später der Erde dienen wie ich.«

»Wenn du mir noch einmal hilfst, nehme ich euch beide mit in mein Reich. Ich gebe dir alles, was du dir wünschst.« Er beobachtete ihre Züge, wartete auf eine Reaktion.

»Was ich mir wünsche? Daß ich hier in Frieden mit meinem Kind und meiner Göttin leben kann.« Sie hob das Baby auf, und es suchte nach ihrer Brust.

Ein Gedanke kristallisierte sich in seinem Innern. »Verdammt, ich verjage alle Priester aus meinem Land! Ich mache deine Göttin zur Alleinherrscherin und dich zu *Ihrer* Hohenpriesterin.«

Ihre Augen leuchteten auf und erloschen wieder. »Ein Versprechen – schnell hingesagt und schwer einzuhalten!«

»Was willst du dann?« Er richtete sich verärgert auf.

»Ich weiß, daß dir der Drache noch einen Wunsch erfüllen muß. Zwing ihn dazu, den Berg zu verlassen. Schick ihn weg!«

Er fuhr sich mit den Fingern durch das glitzernde Haar. »Nein. Ich brauche ihn. Ich kam her, weil ich Hilfe für mich suche, nicht für dein Volk.«

»Es ist jetzt dein Volk – ihr gehört zusammen. Hilf den geplagten Menschen, und du hilfst dir selbst! Ist das so schwer zu begreifen?« Ihr Zorn, angefacht von Ohnmacht, loderte ihm entgegen.

»Wenn du den Drachen so sehr haßt, weshalb vertreibst du ihn dann nicht selbst, Hexe?«

»Ich hätte es getan.« Sie strich über das winzige Händchen des Kleinen, über sein weiches schwarzes Haar. »Längst. Aber solange das Kind hier meine Kraft aufsaugt, kann ich die Macht der Erde nicht anrufen.«

»Dann vermagst du auch mir nicht zu helfen?« Seine Stimme klang müde und hoffnungslos.

»Ich habe immer noch die Salbe, die dir einmal den Rückenschmerz nahm. Aber sie nützt dir jetzt nichts, sie durchdringt die Drachenhaut nicht... Und selbst wenn ich im Vollbesitz meiner Kräfte wäre – deine wahre Not könnte ich damit nicht lindern.«

»Wie meinst du das?« Er trat dicht vor sie hin. »Glaubst du, daß ich deshalb gekommen bin? Um diese Drachenhaut loszuwerden? Was bringt dich auf den Gedanken, daß ich je meine Macht, meinen Schutz aufgeben würde?« Er fuhr sich mit den Fingernägeln über die Arme.

»Es ist nicht die Haut, die einen Menschen zum Gott macht – oder zum Ungeheuer«, entgegnete Fallatha ruhig. »Es ist das, was unter der Haut liegt, hinter den Augen. Du hast deine Seele verloren wie ich vor vielen Jahren; und nur du weißt, wo du sie wiederfinden kannst... Aber vielleicht täte es dir gut, diese Haut abzustreifen, die den Haß von dir fernhält – aber auch Liebe, Freude und Mitleid, all die anderen Gefühle, die von Mensch zu Mensch überspringen können, von Volk zu König.«

»Ja! Ja, ich will sie loswerden, bei der Heiligen Sonne!« Sein Widerstand brach unter dem Gewicht der Wahrheit zusammen: Er begriff endlich, daß er diesmal gekommen war, um sich genau von den Dingen zu befreien, die ihm einst erstrebenswert erschienen waren. »Der Drache muß mir noch einen Wunsch erfüllen. Er hat mich zu dem gemacht, was ich bin; er soll die Last von mir nehmen.« Er betastete die glatten, glasigen Schuppen, die seine Brust panzerten und sich unter dem kostbaren Leinenhemd verbargen.

»Du willst ihn also noch einmal aufsuchen?«

Er nickte, und seine Hände ballten sich zu Fäusten.

Sie ging mit dem Baby zu einem Wandbord, das über dem windschiefen Fenster befestigt war, und holte einen irdenen Topf herunter. Sie öffnete ihn und hielt ihn dem Kleinen an die Nase; gleich darauf schlief es in ihrer Armbeuge ein. Sie bemerkte den verständnislosen Blick, den Lassan-din ihr zuwarf. »Mein Baby wird jetzt schlafen, bis ich es wieder wecke. Wir können den inneren Weg nehmen, wie schon einmal.«

»Du kommst mit? Warum?«

»Danach hast du mich damals nicht gefragt. Weshalb erkundigst du dich heute?«

Er konnte nicht sagen, ob das eine Frage oder eine Antwort war. Nicht nur sein Körper, auch sein Verstand schien eine leere Hülle zu sein. Er zuckte mit den Schultern und schwieg.

Sie wagten noch einmal den alptraumhaften Aufstieg in die Schwärze, wanden sich durch die Eingeweide des Berges nach oben; aber diesmal ließ sie ihn nicht allein, als der Kegel sie ausspuckte, dicht unter dem tränenden Himmelsrand. Er verbrachte die Nacht mit der Mutter seines Kindes, an ihrer Seite und doch weit weg. Im Morgengrauen kletterten sie weiter; Lassan-din hatte nun die Führung übernommen; sie folgten dem Lauf des reißenden Wassers hinauf in die Vergangenheit.

Endlich erreichten sie den Eingang der Drachenhöhle, starrten ihn lange schweigend an. Ihnen fehlte die Kraft zum Sprechen.

»Sturmkönig!« Lassan-din sammelte die letzten Fragmente seiner Stimme und Konzentration zu einem Schrei. »Hör mich an! Ich bin gekommen, um das zu fordern, was du mir noch schuldest!«

Er spürte fremde Gedanken in seinem Kopf. Das Knistern der Atmosphäre und das schwach flickernde Licht in der Höhle schienen sich zu verstärken.

(Du willst mich also von neuem quälen.) Die Stimme in seinem Kopf verfluchte ihn mit der Müdigkeit ganzer Zeitalter. Er spürte, wie sich die Sturmsehnen streckten und anspannten. Mit einem Gefühl des Schwindels dachte er plötzlich an seinen Ritt auf den Schwingen des Wirbelwinds.

(Zeig dich!)

Sie folgten dem gewundenen Stollen, dem er schon einmal gefolgt war, betraten die schwarze Kaverne, die im Regenbogenstaub glitzerte. Der Drache kauerte auf seinem Schuppenlager, die glimmenden Rubinaugen starr auf sie gerichtet. Lassan-din hielt an, versuchte sich zusammenzunehmen. Fallatha raffte ihren Umhang an den Schultern zusammen und murmelte etwas Unverständliches.

(Ich sehe, du warst diesmal so klug, die wahre Quelle deiner Macht mitzubringen ... obwohl sie im Moment keine Kraft besitzt. Weshalb suchst du mich von neuem auf? Habe ich dir nicht alles gegeben, was du wolltest?)

»Das und mehr«, entgegnete er bedrückt. »Du hast die Last der Sorgen, die ich hierherschleppte, verdoppelt.«

(Ich?) Der Drache senkte den Kopf; die Hörner schienen wie Klauenfinger nach ihnen zu greifen, Schatten in der unvermittelt aufflackernden Helle. (Ich habe nichts dergleichen getan. Die Folgen deiner Wünsche gehen mich nichts an.)

Lassan-din unterdrückte eine heftige Antwort und sagte ruhig: »Aber du erinnerst dich, daß du mir noch einen Dienst schuldest.

Ich bin gekommen, um dir meinen offenen Wunsch vorzutragen.«

(Wenn es in meiner Macht liegt, ihn zu erfüllen...) Das große Katzengesicht senkte sich mürrisch; Lassan-din spürte, wie seine Haut zu prickeln begann.

»Dann entferne diese Schuppen, die mich wie ein Panzer einhüllen und unverwundbar machen gegen jeden Schmerz von außen!« Er warf den groben, dunklen Umhang ab und die kostbaren, in Rot und Blau gehaltenen Königsgewänder. Seine Haut glitzerte wie die des Drachen.

Die Facettenaugen der Bestie musterten ihn ohne Mitgefühl. (Das kann ich nicht.)

Worte aus seinen finstersten Alpträumen... Lassan-din erstarrte. »Was – was soll das heißen? Weshalb kannst du das nicht? Du hast mir die Schuppen gegeben – nun nimm sie wieder weg!«

(Das geht nicht. Ich konnte dir Unverwundbarkeit schenken, aber sie läßt sich nicht rückgängig machen. Ich vermag deine Schuppen ebensowenig mit einem Flammenstoß aufzulösen, wie ich verhindern kann, daß der Regen die meinen aufweicht und mir Schmerzen bereitet. Es liegt in der Natur der Macht, daß jene, die sie besitzen, unter ihr kaum weniger leiden als die Opfer. Das ist der Preis der Macht – ich hatte versucht, dich zu warnen. Aber du wolltest nicht hören... keiner wollte je darauf hören.) Lassan-din spürte die Bitterkeit, den Schmerz ganzer Epochen.

Er kämpfte gegen die Wahrheit an, obwohl er wußte, daß der Drache nicht lügen konnte. Und er wankte, als die Erkenntnis sich durchsetzte und ihn traf wie ein Keulenschlag. »Heißt das... heißt das, daß ich bis ans Ende so weiterleben muß – ein Monstrum?« Er rieb die Hände gegeneinander, ein sinnloses, gedankenloses Waschen.

(Ich weiß nur, daß es nicht in meiner Macht liegt, dich von dir selbst zu befreien.) Der Drache nickte vor sich hin. Die Helle in seinem Rachen verstärkte sich und blendete Lassan-din. (Nun geh!) Der Gedanke traf ihn mit voller Härte. (Geh und leide anderswo!)

Lassan-din wandte sich ab, stolperte davon wie ein geprügelter Hund. Aber Fallatha packte ihn an der glitzernden, nackten

Schulter und schüttelte ihn grob. »Dein Wunsch! Du hast noch einen Wunsch frei – vergib ihn nicht!«

»Was soll ich denn verlangen?« murmelte er, ohne ihre Worte richtig aufzunehmen. »Es gibt sonst nichts, was ich mir wünsche.«

»Doch! Etwas für dein Volk, dein Kind – oder auch für dich selbst! Rede! Los!«

Er starrte sie an, sah, wie sich ihr blasses, spitzes Gesicht vor unterdrücktem Hoffen und Verlangen anspannte. In ihren Augen spiegelten sich die ewig sonnenlosen Tage, die Mißernten, die aufgeweichten Felder – der Schlamm und der Hunger und das Leid, das der Sturmkönig seit drei ihrer Lebensalter auf das Land herabgebracht hatte. Und ihm dämmerte, daß er auch jetzt noch, da er sein eigenes Leben nicht mehr steuern konnte, die Macht besaß, das Elend dieses Landes zu beenden.

Er wandte sich wieder dem Drachen zu, dessen Schädel wie in Hypnose hin und her pendelte. »Also gut, ich fordere etwas anderes von dir. Und diesen Wunsch mußt du mir erfüllen, Sturmgebärer. Er liegt in deiner Macht. Ich will, daß du diesen Berg und diese Gegend verläßt und nie wiederkehrst. Ich will, daß du sieben Tage ohne Rast dahinjagst, ehe du nach einer neuen Heimat Ausschau hältst, falls du das überhaupt tust. Zieh weit weg, so weit du es vermagst, ohne dich an den Menschen zu rächen, deren Ländereien du überfliegst. Das ist meine letzte Bitte an dich.«

Der Drache spie grelle Flammen. Lassan-din schloß die Augen, spürte den Boden unter sich zittern und schwanken. (Du wagst es, mich aus der Heimat meiner Wahl zu vertreiben? Du wagst es wirklich?)

»Ich habe das Recht dazu, und ich fordere mein Recht!« Er schrie die Worte, obwohl seine Stimme zu versagen drohte. »Laß dieses Land in Frieden – trag dein Leid woanders hin! Verschone mein Volk und mich!«

(Gut, wenn du es verlangst...) Der Drache schwoll an, bis er die Höhle ausfüllte, seine Augen waren ein greller Höllenschein, der in die Nachtschwärze des Sturms überging. Blitze umzuckten die näherrückenden Wände, Donner erschütterte den Fels, ein kreischender Wirbelwind hämmerte sie gegen den Höhlenboden. Regenschauer fegten über sie hinweg, bis ihnen kein Raum mehr zum Atmen blieb, und der Sturmkönig brüllte seine Pein in ihre

Schädel, als er für seine eigene Rache litt. Lassin-din merkte, wie ihm die Sinne schwanden; die Vergeltung des Sturms würde sein letzter Eindruck sein, das Ende der Welt...

Aber er kam wieder zu sich. Um ihn war Schweigen. Er rollte schwerfällig auf dem feuchten Steinboden herum, pumpte seine Lungen immer wieder voll Luft, ließ in sein leeres Gehirn das Bewußtsein strömen, daß nun alles still war, daß kein Sturm mehr tobte, der ihn zu vernichten drohte. Er hörte ein Stöhnen, das nicht von seinen Lippen kam, und ein trockenes Hüsteln drang dumpf durch die Stille. Er hob den Kopf, tastete in das Dunkel, bis er ihren Arm fand. »Fallatha...?«

»Wir leben... der Erde sei Dank!«

Er fühlte, wie sie sich bewegte, setzte sich auf und zog sie zu sich heran. Die Erde, die Höhle, in der sie lagen, hatte die Wut des Sturmes mit überlegener Gleichmut ertragen. Sie halfen einander beim Aufstehen, stolperten die Wand entlang durch den Stollen, tasteten sich in völliger Finsternis nach draußen.

Sie standen da, stützten sich gegenseitig und blinzelten in das grelle Licht des frühen Abends. Es dauerte lange, bis er erkannte, daß die Helligkeit zugenommen hatte.

»Schau!« Fallatha deutete mit hocherhobenem Arm. Wasser tropfte in einer silbernen Spur von ihrem Ärmel. »Der Himmel, der Himmel...« Sie lachte, ein Laut, der fast ein Schluchzen war.

Er schaute in das schmerzhaft helle Licht, sah Flecken, die er anfangs für Schwärze hielt und dann erst als Blau erkannte. Es regnete immer noch schwach, aber die Wolken hatten sich geteilt; die Tyrannei des Grau war endlich gebrochen. Einen Moment lang empfand er ihre Freude wie seine eigene, ein flüchtiger, wilder Triumph – bis er auf seine Hände herabblickte und auf seinen schimmernden, schuppenbedeckten Körper. Ein Scheusal war er, ein Ungeheuer... »O Götter!« Er ballte die Fäuste. Ein Fluch – eine nutzlose Bitte an nutzlose Götter.

Fallatha wandte sich ihm zu. Ihr Arm lag immer noch auf seiner Schulter, ihre Züge spiegelten seine Verzweiflung wider. »Lassan-din, denk daran, daß mein Volk dich lieben wird, weil du dieses Opfer gebracht hast. Und eines Tages gewinnst du vielleicht auch dein eigenes Volk für dich…« Sie berührte zögernd seine Schuppenwange, ein Versprechen.

»Jeder wird nur immer mein Aussehen vor Augen haben. Ganz gleich, was ich auch tue, sobald sie das Mal des Sturms an mir erkennen, werden sie einzig und allein daran denken, weshalb sie mich gehaßt haben.« Er umklammerte hart ihre Arme. »Fallatha, hilf mir bitte – ich gebe dir alles, was du von mir verlangst.«

Sie schüttelte den Kopf und biß sich auf die Lippen. »Ich kann nicht, Lassan-din. Genausowenig, wie es der Drache konnte. Du mußt dir selbst helfen, dich ändern – ich kann dir das nicht abnehmen.«

»Wie? Wie kann ich etwas ändern, das der Macht von Erde und Himmel widersteht?« Er sank in die Knie. Regen fiel auf die schimmernden Schuppen und rann zu Boden – er spürte es schwach, dumpf, als fiele der Regen auf einen Fremden… Sein Leben lang hatte er Regen nur dann gespürt, wenn er auf ihn selbst fiel; nie hatte der Wind die Bäume bewegt, nie hatte ein Kind vor Hunger geschrien, es sei denn, er selbst war hungrig gewesen… Bis zu dem Moment, da er die Mutter seines einzigen Kindes angeschaut hatte. Ihre Gefühlskraft hatte ihn gezwungen, den Drachen zu vertreiben, die einzige selbstlose Tat, die er je vollbracht hatte. Gewissensbisse und gute Vorsätze füllten die Leere in ihm, so wie ihn einmal genau an dieser Stelle Haß erfüllt hatte. Tränen schossen ihm in die Augen und quollen über, eine Antwort auf den Bann des Schmerzes, liefen ihm die Wangen herunter und vermischten sich mit dem Regen. Er schlug die Hände vor das Gesicht und schluchzte unbeherrscht, ohne Scham, als sei er der letzte Mensch auf der Erde und müßte einsam bleiben für alle Zeiten.

Und während er weinte, spürte er eine sachte Veränderung der Haut, die da auf Haut traf – Gesicht gegen Hände. Ein Prickeln und Brennen, das Gefühl von toten Zellen, die wieder zu Leben erwachten. Er senkte verwundert die Hände, sah, wie die Schuppen, die sie bedeckten, sich auflösten und darunter die Haut zum Vorschein kam, geschmeidig und braun – *seine* Haut. Er stieß einen verblüfften Schrei aus und weinte von neuem, Schmerz vermischt mit Freude, wie die Flut aus Tränen und Regen, welche die verfluchten Schuppen von seinem Körper schmolz und wegspülte.

Er weinte, bis er Leib und Seele vollkommen gereinigt hatte –

bis er das selbsterrichtete Gefängnis zerstört hatte. Und dann richtete er sich erschöpft und unsicher auf und sah den ruhigen, grauen Blick der dankbaren Erde in Fallathas Augen. Er lächelte, und sie erwiderte sein Lächeln; der unerwartete Anblick ihrer Freude hallte in ihm wider.

Sonnenlicht breitete sich über den Flickenteppich aus Feldern und Wiesen in der Tiefe, hüllte den Berghang in erhabene Grüntöne, obschon ringsum immer noch Regen fiel. Er schaute unwillkürlich auf – und fand, was er unbewußt gesucht hatte. Fallathas Blick folgte ihm, und sie entdeckte das gleiche. Ihr Lächeln vertiefte sich beim Anblick des farbenprächtigen Regenbogens; nun nicht mehr ein Fluch oder Schmerzenszeichen, sondern wieder das Versprechen einer schöneren Zukunft.

Aus dem Amerikanischen übersetzt von Birgit Reß-Bohusch

John M. Ford

Mandalay

Oh, der Weg nach Mandalay,
Fliegefische in der Höh'
Und auf Donnersflügeln brausend kommt
*die Dämm'rung über See.**

Sie sangen, während sie im Gänsemarsch den Schlauch entlangstapften, ein merkwürdiger und zerlumpter Haufen, der jetzt zweiundzwanzig Leute zählte, aber beim nächsten Einstieg leicht ein paar gewinnen oder verlieren konnte – oder falls nicht, so beim übernächsten Einstieg – oder bei dem darauf...

Vielleicht würde der nächste Einstieg auch schon in Richtung Heimat führen. Doch vermutlich würde er das nicht.

Einige trugen Umhänge und breitkrempige Lederhüte, Stiefel mit klirrenden Messingsporen, werkzeugbestückte Gürtel mit Schweizer SIG-Automatikpistolen, die in vorgeschobenen Seitenhalftern steckten. Manche trugen enganliegende Leotards in kreischend bunten Farben, die Masken und Kapuzen waren durch Tropenhelme oder Schutzbedeckungen von Bergmännern ersetzt, die Kletterseile an den Versorgungsgürteln ausgetauscht gegen Dewar-Feldflaschen mit heißem Kaffee. Die amerikanischen Luftlandetruppen in schmutziggrünen Waffenröcken trugen deutsche Aluminiumhelme; die Panzersoldaten der Wehrmacht hatten schon etliche Einstiege zuvor ihre sperrigen Maschinengewehre gegen Säbel mit edelsteinbesetzten Griffen und Explosivladungen für ihre Walther-Pistolen ausgetauscht.

Ein Mann trug zum Brustpanzer ein mit einem Blendschutz versehenes Käppi der Konföderierten; sein normannischer Nasenhelm steckte zusammen mit den Nunchaku-Hölzern und dem Mikrofilmlesegerät in seinem Tornister

* Anm. d. Übers.: Die Übersetzung der Auszüge aus Rudyard Kiplings ›Mandalay‹ entnehmen wir mit freundlicher Genehmigung des Julius Zeitler Verlages, Leipzig, dem 1910 erschienenen Büchlein ›Soldaten-Lieder und andere Gedichte‹, deutsch von Hanns Sachs.

Zumindest waren die Tornister einheitlich, bis auf ihre Farben. Es handelte sich um Spezialanfertigungen der Alternities Corporation, der Stoff hieb- und stichfest, der Rahmen aus einer beinahe unzerstörbaren Legierung. Also behielten sie die Tornister, die sie nach einhundertvierzig Einstiegen den Schlauch entlang fanden. Desgleichen die Messer samt Scheide der Orion-Raumstreitkräfte mit ihren Molekular-Kanten, die weder vor Stein noch vor Metall haltmachten, und die NUSDEN-Stiefel, die über Stahlschäfte verfügten, den Fuß aber während des Gehens belüfteten und massierten. Anders als bei den Kostümen oder Waffen waren einige Sachen nicht etwa eine Frage des persönlichen Geschmacks, sondern reine Notwendigkeit.

So wie der Weg nach Hause eine Notwendigkeit war, wenn sie ihn fanden.

Falls sie ihn fanden.

Millionen Meilen winden wir uns durch den Erdenbauch,
Zehntausendmal genarrt von dem verdammten Schlauch.
Neunzig Millionen Strophen grölen wir von diesem blöden Reim
Und gäben selbst dem Teufel unsre Seele für ein Grab daheim.
Den Schlauch entlang nach Mandalay...

Frei von jedem Zubehör, wäre der Schlauch sechseckig mit abgerundeten Kanten, die Wände selbst lotrecht und auf Decke und Boden schräg zulaufend gewesen. Der Abstand von der rechten zur linken Wand hätte wohl zwei Meter betragen, und der oberste Winkel schuf eine zusätzliche lichte Höhe unter dem mildweißen Leuchtstreifen, der mit einem in Plastik auslaufenden Metallgitter direkt über der am Boden marschierenden Vorhut befestigt war.

Doch er war nicht frei von Zubehör. Das flache Dreieck zwischen der Trittfläche und dem untersten Punkt füllten Rohrleitungen, vielkantig oder rund, heiß oder klammkalt, voller offener Kanäle, die Abfälle davontrugen. An den Wänden befanden sich noch mehr Röhren, Schwellungen und Blasen, Walzen und Kisten, meist blank und vom gleichen Blaßblau wie die Wände, manche wiesen Symbole oder Gravuren auf oder einfach nur eine andere Farbe. Einige der Markierungen bedeuteten der Gruppe sogar etwas, ein Wissen, das sie durch Versuch und Irrtum gewonnen

Alternities Corporation

alternities corporation
operations center ouray
colorado 81427
telefon 30 35 55 12 12
telex 8 36 927
telegramm alteco

Wir machen Ihre Träume wahr

Sie haben schon von uns gehört. Wir sind die Phantasiengesellschaft. Das Traumteam. Der magische Berg, wo alles möglich ist. Sie haben unsere Werbung gesehen. Sie haben Ihre Freunde über uns reden hören. Sie wissen, wer wir sind.

Warum sind Sie noch nicht vorbeigekommen?

Was wir Ihnen anbieten? All jene Dinge, von denen die anderen Urlaubsorte nur sprechen können. Abenteuer. Liebesaffären. Jede Aufregung, die Sie sich zutrauen, oder – wenn Sie das vorziehen – mehr Ruhe und Frieden, als Sie jemals genossen haben.

Sie sind nicht interessiert? Das bezweifeln wir. Die meisten Urlaubsorte laden Sie lediglich zu einem Besuch ein. Wir bringen Sie hin, wo immer Sie wünschen. Sobald Sie durch das Tor in Ouray Center treten, werden Sie in einer vollkommen anderen Welt sein – einer Welt, die wirklich aussieht, wirklich klingt und sich wirklich anfühlt. Und die wirklich **ist.** Wir verfügen über hundert Welten mit tausend unverfälschten Erfahrungen. Wir können Sie zu einem Revolverhelden, einem Musketier, zur Königin auf einer tropischen Insel machen. Durch uns können Sie ein Kampfflugzeug führen oder ohne eins fliegen; entdecken Sie eine vergessene Dschungelstadt oder eine marsianische Zivilisation; schlagen Sie die Unionstruppen auf dem Feld von Gettysburg oder lenken Sie einen interstellaren Krieg!

Sie sind sich nicht sicher, was Sie möchten? Überlassen Sie uns das. Unser beratender Stab wird verblüffend genau Ihren persönlichen Geschmack des Abenteuers treffen – und selbst die entsprechende Kostümauswahl vornehmen.

Sie können es sich nicht leisten? Die beliebtesten Welten sind bereits für bemerkenswert wenig Geld zu besuchen. Verbringen Sie eine Woche als Ritter der Tafelrunde, als Großwildjäger, als Pirat der Karibischen See, und Sie benötigen weniger Zeit als sonst, um an den gewohnten Ort zu reisen. Und Sie können es sich auch wochentags leisten. Sagen Sie uns nur, wann Sie zurück sein müssen – dann bleiben Sie, solange Sie wollen; wir bringen Sie im Verlauf **einer Stunde** nach Abreise wieder zurück. Zeit ist ein Teil des Geschäftes bei der Alternities.

Also kommen Sie und schauen Sie sich bei uns um, kommen Sie und besuchen Sie eine neue Welt, kommen Sie und seien Sie jemand, der Sie schon immer sein wollten – oder von dem Sie sich niemals hätten träumen lassen, einmal dieser Jemand zu sein. Aber kommen Sie.

Denn wir machen Ihre Träume wahr.

Genehmigt zur Öffentlichen Werbung
Freigegeben Ouray Center 10. April

hatte. Weiße Kisten (zum Beispiel) hatten medizinische Versorgungsgüter zum Inhalt. Weiße Walzen dagegen Nahrung. Diese öffneten und leerten sie zur Hälfte – niemals mehr als bis zur Hälfte, entsprechend Charlie Brunners Befehl.

Medizin und Nahrung hatten sie durch Versuch entdeckt. Durch Irrtum fanden sie Sachen wie das purpurne Sechseck aktinischen Lichts, das dem Öffnenden die Augen aus dem Kopf gebrannt hatte. Er hatte im letzten Moment etwas gesehen, das erkannten sie an seinem Aufschrei, aber er hätte Brunner nicht einmal unter dem Siegel der Verschwiegenheit erzählt, was es gewesen war. Der Blinde blieb beim nächsten Einstieg zurück, den sie knackten, obwohl die dominante Lebensform des Gebietes dunkel gefleckte Eidechsen waren, die mitleidig bezweifelten, daß sie den Menschen am Leben lassen könnten. »Aber er ist ohne Hoffnung«, hatten sie gesagt, »und mag bleiben.«

Sie verschlossen den Einstieg zu dem Gebiet schnell, nicht zum erstenmal ohne Bedauern. Manche von ihnen beschworen die Sterne, die jede Nacht weniger geworden waren, als stürben sie aus. Und sie stapften weiter den Schlauch entlang, im Gänsemarsch.

Der Schlauch war eng, aber nicht bedrückend. Die Luft blieb kühl, stets auf zwölf Grad Celsius und stets frisch. Sie roch schwach nach Kiefern und Gebirgswasser, obwohl einige Mitglieder der Gruppe glaubten, daß der Duft eher von einem Schmiermittel oder Versiegelungsüberzug herrührte, und manchen von ihnen Kiefern und Gebirgsbäche unbekannt waren.

Eng und ruhig, so beschaffen, daß Karren oder Fahrzeuge unmöglich benutzt werden konnten. Einmal trafen sie einen Mann, der behauptete, er könnte eine Bahn bauen, die im Rinnstein neben der Trittfläche verliefe. Eine Art Zahnradbahn. Er sagte, daß das Bedienungspersonal des Alternities-Systems (er betonte das) eben einen *solchen* Zug benutzt hatte.

»Und der Antrieb?« hatte ihn Charlie Brunner gefragt. »Wie wird er angetrieben?« Denn Dampf oder Diesel hätte sie losprusten lassen, und Elektrizität konnte man überall in den Gebieten finden.

Der Mann war zornig geworden und hatte entgegnet: »Ebenso wie das Bedienungspersonal habe auch ich Züge unter mir, und wenn ich sage ›fahrt‹, dann fahren sie, und wenn ich sage ›haltet‹, dann halten sie.« Und die Gruppe machte sich, restlos bedient sowie in übereinstimmender Frustration und Wut, erneut auf den Weg. Allein Günter Niemöller lachte noch fünf Meilen lang.

Die Fahrräder hatten vielversprechend ausgesehen (wie das danach alles getan hätte), erwiesen sich aber nach den ersten fünfzig verbogenen Felgen als hoffnungslos. Sie hatten es versucht und marschierten noch immer.

Immerhin waren die Ereignisse nicht *allzu* niederschmetternd gewesen. Sie *marschierten* noch immer. Trotz der endlosen ansteigenden Krümmung, die es in beiden Richtungen mühselig machte, den Schlauch zu begehen (schier unmöglich, und doch war es nur ein Hundert-Kilometer-Marsch zum nächsten fernen Planeten; nicht weiter, als es bis zur Alternities Corporation gewesen wäre, die Raum und Zeit miteinander verflochten hatte, um sich in ihrem Berg in Colorado am Müßiggang zu erfreuen); trotz der Einsamkeit (obwohl sie stets die Hälfte der Nahrung und Medizin zurückließen, hatten sie niemals ein anderes wanderndes Kommando getroffen oder mehr als Legenden darüber gehört); trotz des nicht endenwollenden Hundert-Kilometer-Marsches von Einstieg zu Einstieg, von Weltlinie zu Weltlinie, von Planet zu Planet: Laß vierzig vorüberziehen, und nenn es ein ›Jahr‹...

Noch immer nicht *zu* viele, die man vorweisen konnte. Nur eben die Dutzende, Hunderte und mehr von Einstiegen, die nicht *ganz* zur Erde führten, in Richtung Heimat, aber nah genug waren, um vor seinem Unterbewußtsein Ausflüchte zu suchen... bis Charlie Brunner den Schlüssel umdrehte und weiter den Schlauch entlangschritt. Selbst dann würden erfahrungsgemäß manche zurückbleiben, ihre Wahl mit lauten und unsicheren Stimmen kundtun. So wie manche neue Leute weiterliefen, sich dem langen Marsch anschlossen, heraus aus dem Knäuel der Weltlinien, das sie den Bruch nannten, den Blick den Schlauch entlang in Richtung Heimat gewendet.

Und immer blickten auch einige zurück.

»Eine Falle«, sagte einmal jemand, »ist etwas, dem man nur schwer entkommen kann, in das man aber leicht hineintappt. Wäre es leicht, ihr zu entkommen, dann wäre es keine Falle mehr – sondern etwas Narrensicheres.«

Die abschließende Feststellung ist fragwürdig, aber der Sinn des Zitats scheint wahr; und vor dem Bruch in die Alternities zu gehen, war leicht genug. Man kleidete sich in die Gewänder der entsprechenden Epoche, dort unterm Ourays-Berg, und wurde durch eine runde Metalltür in einen angenehm lichten und mit Teppichen ausgelegten Zylinder geführt. Von oben, in der umlaufenden, verglasten Galerie, die sie den Witwensteg nannten, beobachteten einen die Techniker der Alternities, murmelten Fachausdrücke und hantierten mit Tasten und Knöpfen. Dann ertönte im Innern des Zylinders ein Summen, für manche Leute ein Geräusch, das ihnen den Magen umdrehte, und das andere Ende des Zylinders schob sich vor dem erwählten Gebiet zur Seite.

Man kehrte auf demselben Weg zurück, bis der Bruch... bis die Falle zuschnappte. Dann taten die Tore verrückte Dinge; die am wenigsten gefährlichen überhaupt nichts, während ein Drache oder die chinesische Armee einem nachsetzte. Doch die Tore konnten nicht unter dem Gesichtspunkt des Heldenmuts, des Geldes oder der Liebe ausgesucht werden, und zu allen Zeiten haben die Leute (vorwärts, rückwärts und seitwärts) den Schritt in die Finsternis gewagt, in der einzigen Hoffnung, daß das Zuhause irgendwo dort draußen läge. Manchmal haben sie sogar Glück gehabt und es gefunden.

Nach einiger Zeit stellten die Tore überhaupt jede Art von Arbeit ein, und es wurde unmöglich, im Finstern verlorenzugehen, aber ebenso unmöglich wurde es, sein Glück zu finden.

Manchmal allerdings, so hieß es, öffnete sich ein Tor auf seltsame Weise wie ein ringförmiger Krapfen, und Charlie Brunner mit seinem Kommando erschien, um dich – sofern du dich in Rufweite des Einstiegs aufhieltest – mitzunehmen.

Es gibt unzählige Arten von Glück, und ›gut‹ und ›schlecht‹ sind nur zwei davon.

Den Schlauch entlang nach Mandalay,
ist der Heimateinstieg in der Näh'?
Noch einen Blick auf die Erde tun
und dann in Frieden ruh'n...

Oh, der Weg nach Mandalay,
Fliegefische in der Höh'
Und auf Donnersflügeln brausend kommt
die Dämm'rung über See!

Es trat eine Pause ein, als die Strophe endete. Geschlossen warteten die Leute auf den Moment, da Brunner eine neue anstimmen würde, doch nichts geschah. Zehn Minuten verstrichen, während das Stampfen der Stiefel auf der Trittfläche, das Klirren der Sporen und des Brustpanzers, ein Summen und Brausen, die den Schlauch stets erfüllten, die einzigen Laute waren.

Dann begann ein Beinpaar aus dem Gleichschritt zu geraten, als ob der Marschierende Zeit schinden wollte. Niemand brauchte aufzublicken, um zu wissen, daß es sich um Niemöller handelte. Einige Leute seufzten, die vorderen warteten auf eine Reaktion von Charlie Brunner (es erfolgte keine), und jene, die im Moment in der Nähe von Niemöller marschierten, glichen ihren Schritt dem seinen an und warteten auf das Lied.

Auf der Heide blüht ein kleines Blümelein,
Und das heißt... Erika!
Von den hunderttausend kleinen Bienelein
Wird umschwärmt... Erika!

Die halbe Gruppe sang nun; alle im Mittelteil, einige hinten, niemand vorne bei Brunner.

Weil ihr Herz ist voller Süßigkeit...

Doch einer nach dem anderen fielen sie in die Musik ein – alle außer Charlie Brunner an der Spitze.

Die Lyrik war trügerisch. Hinter den Worten von der lieblichen Blume auf den Feldern verbarg sich ein harter Marschtakt mit Pausen im Anschluß an jede Zeile für den doppelten Klang der Stiefel, links – rechts. ›Und das heißt – stampf, stampf – Erika! Wird umschwärmt – rechts, links – Erika!‹

An der Spitze der Reihe Charlie Brunner, den Helm auf dem Kopf, den dunklen Blendschutz heruntergezogen, seine Schultermuskeln vom lohfarbenen Tornister und seinem kugelsicheren Waffenrock verborgen. Gott allein wußte, was er dachte. Sein Schritt war gemessen und sorgsam außerhalb des Rhythmus der einundzwanzig Paare knallender Stiefel hinter ihm. Sein Halfter war verschlossen und blieb es.

Niemöller beendete das Lied. Der Gleichschritt verlor sich in einem geräuschvollen Schlurfen. Einige Leute wandten sich um, sahen Niemöllers Augen unverändert und blau unter seiner schwarzen Felduniformmütze. Er drehte seinen Kopf so, daß er die Sicht auf jene hinter sich freigab – besonders auf Jones.

Deke Jones marschierte unmittelbar hinter Günter Niemöller. Er trug die gleiche schwarze Felduniformmütze, die gleiche graugrüne deutsche Uniform. Jones' Abzeichen besagten, daß er rangmäßig höher stand als Niemöller – er war ein Panzerkommandant, Niemöller nur ein Fahrer –, doch die Kleidung log, wie die Kleidung meistens log. Jones war vor seinem Urlaub durch die Alternities Corporation, vor dem Bruch, Taxifahrer gewesen. Nach dem Bruch wurde er Dauergast der Alternities, lebte seine privaten Fantasien aus, indem er andere Amerikaner von einem bewaffneten und gepanzerten Fahrzeug aus tötete.

Niemöller gehörte dem Stab der Alternities an. Er verdiente seinen Lebensunterhalt damit, daß er die Touristen in ihren Panzern durch den synthetischen Zweiten Krieg bei der transalpinen Front von '44 kutschierte. Die Alternities hatte ihn aus der Bundeswehr in ihre Dienste übernommen, nach dem Fünften Krieg, in dem er Panzer kommandiert hatte, die mit *echten* Munitionen auf *lebende* Feinde schossen. Unglücklicherweise für ihn und die Seinen war der Fünfte Weltkrieg kürzer und entscheidender als der Zweite Weltkrieg gewesen, und obwohl die Untertanentreue unterschiedlich gewesen war, blieb doch das Ende von Deutschland ziemlich das gleiche.

Trotzdem war es die Hölle von einem Krieg gewesen. Niemöllers Panzersturmdivision konnte zwar nur auf fünfzig Einsätze zurückblicken, die von Jones dagegen auf einhundert; doch die von Niemöller waren wirklich gewesen.

Der wirkliche *Panzerführer* wartete auf ein Wort von Charlie Brunner, auf ein Schräglegen des Kopfes, ein Schnippen der rechten Finger. Nichts geschah. Niemand begann *die* Strophe.

Fünfzigmal dacht' ich: geschafft! Aber Charlie Brunner sagt: ›Nein!‹
Was weiß er mehr als ich, dieses gottverdammte Schwein?
Wird die Welt, die ich einmal finde, wirklich die meine sein?
Oder blieb sie zurück, hundert Einstiege entfernt im Dämmerschein?

Achtzehn Stimmen sangen, neunzehn insgesamt:

Ob der Marsch die Mühe lohnt?
Bleiben wir vor nichts verschont?
Wie finden wir unser Leben wieder?
Wenn keiner weiß, wo er einst gewohnt?

Und dann eine Stimme, die unmittelbar einfiel, ein Bariton, hart und rauh wie rostiges Eisen:

Oh, der Weg nach Mandalay,
Fliegefisch in der Höh'
Und auf Donnersflügeln brausend kommt
die Dämm'rung über See!

Die Worte stürzten wie ein Fallgitter herab, das sich schließt, als hätte der alte Bruder Kipling höchstpersönlich gesagt: ›Das ist genug, Tommy Atkins – meine Worte waren nicht auf diese Weise gemeint, und das weißt du!‹ Es folgten keine weiteren Lieder. Niemöllers Gesicht war zu Boden gerichtet, unlesbar. Jones trug einen Ausdruck auf seinen feisten Zügen, der an Panik grenzte. Brunner schritt unentwegt voran, stets an der Spitze, wo niemand sich umdrehen und ihm ins Gesicht schauen konnte.

Brunner war der einzige unter ihnen, der eine gut abgestimmte Rüstung besaß. Selbst sein Tornister wies einen ähnlichen Farbton auf wie sein hellbrauner Waffenrock. Seine Hosen waren dunkelbraun, mit einem goldenen Kavalleristenstreifen. Er trug einen weißen Offiziershelm, der noch immer unbefleckt war, obwohl die mittels einer Schablone aufgemalte Identitätsnummer schon langsam abblätterte, und über einen polarisierten Blendschutz verfügte, den er einen Großteil der Zeit nach unten gezogen und verdunkelt beließ.

Uniform, Helm, Stiefel, Kommandostab und Gürtel waren von der Alternities angefertigt und ausgegeben worden. Vor dem Bruch war Charlie Brunner ein NUSDEN – ein ›Nichtuniformierter Sicherheitsmann für den Notfall‹ – gewesen, ein Offizier. Er gab seinen Rang nur mit ›Fünf‹ an. Niemöller hatte gebrummt und war still geworden, als er das hörte (und hatte seinen Rang ebenfalls nur noch in Begriffen der Wehrmachtsprache angegeben), aber die fünf anderen NUSDENs, denen sie während der letzten zweihundert Einstiege begegnet waren, hatten Brunner wie einen General oder womöglich wie einen Gottkönig behandelt.

Seine Stiefel waren gute NUSDEN-Stiefel, die er auch dem Rest seiner Leute beschafft hatte – aus den seltenen Vorratslagern und, ja, von den Toten.

Der Kommandostab an seiner Hüfte vermochte a) jedes Lebewesen auf der Stelle niederzustrecken, b) keinen bleibenden Schaden anzurichten und war c) stets geladen – mit welcher Munition auch immer. Es gab noch ein d), wie jemand zu seinem größten Bedauern vor etlichen Einstiegen hatte erfahren müssen: Nur Brunners Hand konnte mit dem Ding umgehen. »Ich arbeite schon für schlaue Leute«, hatte Brunner gesagt, als er die Waffe hervorholte.

Sein metallgeflochtener Gürtel war voller schlauer Geräte: Luft- und Wasserprüfer, Markierschreiber, einer Rolle mit bemerkenswert widerstandsfähigem Draht. Das Schlaueste von allem aber war der Schlüssel, der die Einstiege vom Inneren des Schlauches aus knackte, sie von außerhalb in den Gebieten fand und öffnete.

Der Schlüssel erhielt Charlie Brunner hin und wieder auch am Leben, weil nach dem Zwischenfall mit dem Betäubungsstab niemand seiner rechten Hand mehr zugetraut hatte, mit dem Schlüssel umzugehen, und jeder wußte, daß man ohne dieses Hilfsmittel einen Einstieg weder von innen knacken noch von außen finden konnte. Schlaue Leute, für die er arbeitete.

Doch nicht schlau genug, um den Bruch abzuwenden, als Augustan Roman in die Wasser der Karibischen See gestürzt war und mit großen bunten Halstüchern versehene Stadtguerillas die Hölle aus dem Palast des Sonnenkönigs zu Versailles schossen.

Nicht schlau genug, um den Weg in Richtung Heimat anders als in Form eines Einhundert-Kilometer-Marsches von Weltlinie zu Weltlinie durch eine sechseckige Kloake in Raum Vier zu weisen.

Brunners Kopf hob sich, und die anderen wiederholten die Handlung entlang der Kette wie ein Hundertfüßer, der sein Rückgrat streckt, und einem nach dem anderen fiel das Licht in die Augen: das strahlend blaue Licht einer Einstiegsmarkierung.

Sie beschleunigten den Schritt nicht. Der Einstieg war schließlich in jedem Fall dort, und sie hatten außerdem schon etliche hundert geknackt.

Aber womöglich würde es sich diesmal um die Heimatlinie handeln. Es konnte sein.

Tornister glitten von Schultern, um sorgfältig in den Nischen zwischen den Röhren verstaut zu werden. Bequeme Hüte wurden gegen Helme ausgetauscht – mit Ausnahme einiger, die keine besaßen, und Niemöllers, der seine Mütze trug wie den unbesiegbaren Goldenen Helm des Mambrino. Waffen kamen zum Vorschein, Schwerter flüsterten, geschwungene Vorfreuden aus Licht, Geschosse wurden mit leisem und beruhigendem Klicken in Kammern gegeben, Nunchakus wirbelten, Nervengewehre fiepten aufgeladen.

Laura Sand berührte ihre Hüften und Handgelenke und war bewaffnet. Sie war eine Superheldin in hautengem schwarzen Kostüm und Umhang gewesen, vor dem Bruch. Sie konnte nun nicht mehr fliegen, und der auffällige, aber so peinliche Umhang steckte in ihrem Tornister, ein Schutz vor dem Regen in Gebieten, wo es regnete; doch die dünnschichtigen Batterien in ihrem Gewand waren irgendwie geladen geblieben. Metallscheiben auf kurzen Drähten senkten sich in ihre Handflächen.

Charlie Brunner hielt den Schlüssel, ein mattes, längliches Stück Metall, in seiner Hand. Er zog die drei Antennen aus, bis sie zueinander im rechten Winkel standen, wartete auf ein grünes Licht aus dem Kästchen. Es leuchtete kurz auf.

»Sand, Kim«, sagte er, »auf geht's.« Und sie erhoben sich von ihren Plätzen, alles andere als lässig und entspannt. Sand rempelte Jones und Niemöller an, erntete einen erschreckten Blick und ein schreckliches Grinsen. Sun Ho Kim hielt sich an Peter Curdie fest, einem Piraten in rotem Leder und weißem Leinen, die Mündung seiner 44er Walker dabei hinter dem mit einem Goldring verzierten Ohr. Er fühlte, wie ihn ein Dolch fortschob.

»Bewegt euch«, sagte Brunner nicht eben laut. Sie bewegten sich.

Kim übernahm die linke Seite des sechs Fuß durchmessenden Einstiegs, Sand die rechte. Brunner warf Sand ein Metallrohr aus seinem Gürtel zu, machte danach einige Schritte und wedelte während des Gehens mit dem Schlüssel. Das Ding schien einen kritischen Abstand zu besitzen, der sich bei jedem Einstieg unterschied – ein Grund mehr, warum keiner es haben wollte.

»Achtung, fertig, los!« Und sein Daumen senkte sich leicht herab. Ein schmaler Ring aus Licht erschien im Umfeld des Einstiegs.

»Kein Zischen«, sagte Sand. Sie hielt das Rohr in die Nähe des Spalts. »Keine Veränderung. Normale Atmosphäre.« Sie reichte ihm das Prüfgerät zurück. Sie hatten noch niemals ein Luftgemisch vorgefunden, das nicht atembar gewesen wäre, obwohl das manchmal bei Essig oder Schwefel oder schlimmeren Gerüchen schwerfiel. Es existierten Welten innerhalb des Alternities-Systems, die über ein Hochvakuum verfügten, und Ammoniak-Methan-Planeten mit dem vielfachen Druck eines Jupiter; einige hatten ihren Urlaub auf ihnen verbracht oder dort gearbeitet. Doch dieser Schlauch schien keine Verbindung zu solchen Orten zu haben.

»Aber einmal könnte es vorkommen«, hatte Brunner gesagt. »Und es braucht nur einmal zu sein.« Er hatte recht, natürlich; deshalb das Ritual mit dem Spalt. Wie viele zumindest der bekannteren Gebiete von Alternities hatten sie inzwischen wohl kennengelernt? Ungeachtet des Gedichts sahen sie die Sonne den größten Teil der Zeit. Ebensowenig stimmte es, daß sie bereits zehntausend Einstiege geknackt hatten.

Doch selbst dann würde die Sonne draußen aller Wahrscheinlichkeit nach – *aller* Wahrscheinlichkeit nach – nicht *die* Sonne sein, und niemand konnte sagen, was für ein Einstieg es, absolut gesehen, eigentlich war.

Nun, da dies erledigt war, begaben sich Kim und Sand erleichtert auf ihre Positionen zurück. Brunner hob die Hand mit dem Schlüssel.

»Achtung, fertig, los!« Der Daumen senkte sich schwer herab.

Der Spalt wurde zu einer Kluft von einem Zentimeter Breite, zwei, drei. Um die gesamte Tür herum entstand ein ununterbrochener Ring freien Raumes. Die Einstiegtüren waren faszinierend; eine Stahlscheibe schwebte in einem Kreis aus Luft, zog sich lautlos in sich selbst zusammen, wurde kleiner und kleiner, bis man meinte, daß sie zu Blechdosengröße schrumpfen würde, einem Bolzen, einer Nadel, um schließlich vollends zu verschwinden. Aber das tat sie niemals. Sie verharrte bei einem Durchmesser von sechs Zoll; und wie ungemein lächerlich das schien, ein solides Metallei, das in sechs Fuß Höhe von rein gar nichts festgehalten wurde...

Es war so seltsam, das zu beobachten, einerlei, wieviel hundert Einstiege man entlang des Schlauches schon geknackt hatte – also veranlaßte Brunner, daß zwei Leute die Öffnung beobachteten und nicht die dahinschwindende Tür. Es existierten Dinge auf der anderen Seite dieser Türen, mit denen man manchmal fertig wurde und von denen man manchmal umgebracht wurde... manchmal.

Um den Ring herum erkannten Sand und Kim einen Nachthimmel voller Sterne, einen bläulich erhellten Boden, bestreut mit Felsen, die einzelne Schatten warfen. Das ließ auf einen Mond schließen; *einen* Mond. Verheißungsvoll, bedeutungslos, aber die größten Kleinigkeiten können Hoffnung wecken.

Im Innern des Ringes waberte es, ein malerischer Himmel breitete sich aus. Ein funkelnder Strich erschien, ein Band, dann eine Ebene im matten Licht des nächtlichen Firmaments. Früher einmal hatten Gäste der Alternities den Preis neuer Nieren oder hoher Wohnblöcke bezahlt, um Welten mit Hilfe dieser Ringe zu besuchen. Nun nahm das Auge nur noch eine weitere Welt wahr, eine weitere falsche Welt. Doch hinausgehen würden sie trotzdem, um nach einem Platz zu suchen, an dem die Leute bleiben oder von dem sie wieder fortgehen wollten.

Die Landschaft war unfruchtbar, wechselvoll gestaltet mit den schwarzen Schatten und der Fahlheit des Mondlichts, einer Ebene, die bis zum Horizont mit aufragenden Felsblöcken bedeckt war.

»Schaut aus wie Stonehenge«, bemerkte Kim und entsicherte seinen Walker-Colt. Kulturen waren ein beliebtes Spiel vor dem Bruch gewesen, um sich danach in ein verseuchtes Gemisch einander überlappender Technologien zu verwandeln, erkrankt durch die Isolation, nachdem die Weltlinientore ihre Funktion vollkommen eingestellt hatten. Manche der ›stabilen‹ Gebiete waren sogar echt gewesen, stellte sich heraus, als die kostümierten Angestellten und Gäste der Alternities dort einfielen, als Invasoren, nicht als Erbauer oder Benutzer; und die Bewohner verstanden keinen Spaß; diese ›Ersparnis‹ hatte nicht das mindeste genutzt, als alles in die Brüche ging.

Besonders wenn die echten Einwohner sie als Hexen, Ketzer und Fremdweltler verfolgten; ein empfindliches Pendel, das beim leisesten Hauch des Ungewohnten erbarmungslos ausschlug.

»Es ist ruhig, sehr ruhig«, sagte Sand.

»Und sollte einer behaupten, ›zu ruhig‹, werde ich ihn zu Klump schlagen«, sagte Stefan Horek, der Mann im Brustpanzer. Er klopfte mit seinen Nunchakus gegen den Helm, der sein Käppi ersetzte.

Der Einstieg erreichte die maximale Öffnungsweite. Kim und Sand berührten die Scheibe auf gut Glück und traten hinaus. Niemand, nicht einmal Brunner, durfte ihnen folgen, bis beide signalisiert hatten, daß alles klar war. Auf die Wörter *Zu damit*, egal in welchem Ton ausgesprochen, würde Brunner seinen Daumen bewegen, und der Einstieg würde sich schließen.

Laute durchdrangen die Einstiege nicht; die Warnung konnte nur erteilt werden, wenn die Späher in den Schlauch zurückgekehrt waren.

Der Leuchtstreifen badete Kim und Sand in ovales Schlaglicht, keine glückliche Stelle zum Verweilen. Sand bewegte sich sofort in die Nacht hinein, ihr hautenges schwarzes Kostüm floß anmutsvoll. Sie schritt um den vier Meter hoch aufragenden Felsblock herum, in dem der Einstieg entstanden war. Die Säule war nicht gewöhnlich; Einstiege mündeten an allen möglichen Stellen – in Banktresoren, Mausoleen, privaten Eisenbahnwagen und (stellen Sie sich das vor!) den Mägen von Idolen. Es war einmal amüsant gewesen, aus dem Innern eines Berges in Colorado zu treten und sich auf dem Luftschiff-Ankermast des Empire State Building wiederzufinden. Nun war es nur noch ein langer Marsch zurück...

Das Mondlicht rettete ihr das Leben. Es fing sich im letzten Moment, bevor sich das Schwert senkte, in der auf sie niederstürzenden Schneide.

Sand rollte zur Seite, und das Schwert durchschnitt die Luft. Sie landete wie eine Katze, geduckt, als habe sie soeben New York von kostümierten Gesetzesbrechern gesäubert, aber nicht länger vom Wind getragen, nicht länger die edle Gerechte.

Ihr rechter Arm schoß vor, dünne Finger spreizten sich, und sie schleuderte eine Handvoll Blitze. Das erhobene Schwert sog sie natürlich auf und zwang die Hand des Trägers fester um den Griff, während der Strom durch seinen Körper hindurch in den Boden floß.

Er fiel nieder. Sie registrierte, daß er (sie, es?) eine mit einer Kapuze versehene Robe von irgendeiner dunklen Farbe trug; dann suchte sich ihr Instinkt, von Alternities auf Verbrechensbekämpfung gedrillt, ein anderes Ziel.

Er fand eins, vermummt und mit einem Schwert bewaffnet wie das erste, ein Umriß gegen das Lohen des Feuers und die aufrechten Riesen aus Stein. Über der Kutten-Gestalt und dem Feuer hing an einem Strick von einem Felsenbogen ein Mann herab.

Sand wies mit einer Hand nach oben, versuchte die Ziele voneinander zu trennen. Dann brachen einige Meter von ihr entfernt Donner und Blitz hervor, und die Kutten-Gestalt wurde in die Höhe gehoben und schlug hin, eine von Kims zentimetergroßen Bleikugeln im Körper.

»Noch mehr von denen zu sehen?« rief er.

»Das Pack hat sich aus dem Staub gemacht, als wir hier auftauchten. Wette, sie kommen bald wieder.«

»Holen wir ihn runter – und dann ab!«

Der Mann über dem Feuer baumelte ruhig, ein Strick um seine Handgelenke. Ein Messer aus den Orionkriegen befreite ihn mühelos, und ohne sich erst lange zu versichern, ob seine Wärme dem Körper oder dem Feuer entstammte, beförderten sie ihn zum Einstieg.

Ein trommelndes Geräusch erhob sich hinter ihnen. Zischende Laute in einer unverständlichen Sprache ertönten. Kim und Sand wandten sich um und sahen unmittelbar vor sich einige Schatten tanzen. »Heiliger Mist!« rief Kim. »Ein gottesfürchtiger und nach Blut lechzender Mob!«

Der Einstieg verschluckte sie; sie rammten mit dem reglosen Mann die Scheibe in der Mitte, bekamen ihn aber durch. Und beide schrien sie...

»Zu damit!«

Die Tür brauchte etwa drei Sekunden, um sich wieder vollends zu schließen. Drei Sekunden sind eine lange Zeit, wenn jemand hinter einem her ist. Lange genug, daß einer aus der nachsetzenden Meute seine Dolchhand nach innen bekam.

Doch die Tür füllte den Freiraum aus, und so blieb die Hand alles, was er durchbekam. Sie fiel auf die Trittfläche, der Dolch polterte davon, Lebenssaft entströmte, um von einem Kanal nahe der Wand davongetragen zu werden.

Die Hand besaß sieben Finger und war von einem schillernden Fahlgrün, mit Ausnahme der rubinroten Nägel. Die Finger selbst krümmten sich, ohne daß Gelenke vorhanden zu sein schienen.

Horek stieß das Etwas mit dem Fuß von der Trittfläche; es fiel nach unten, wo es ebenfalls von dem Kanal beseitigt wurde.

Und schweigend schauten sie auf den bewußtlosen Mann herunter; selbst der Schlauch schien zu schweigen.

Er trug schwarze Hosen und Stiefel, eine mit Reißverschluß versehene hellbraune Jacke, ein weißes Hemd, besudelt mit Schmutz und Blut, und eine schwarze Krawatte, die vollkommen schief hing. Sein Gesicht war flach und schmal und wirkte fahl in dem blauen Markierungslicht; das Haar war kurz und dunkelgrau. Kim hatte seine Hände mit den Brandwunden über der Brust gekreuzt, die sich mühsam hob und senkte.

Direkt unter den Händen, unmittelbar über dem Herzen in die lohfarbene Jacke eingestickt, befand sich das A-förmige Emblem mit dem nach rechts weisenden Pfeil der Alternities Corporation.

»Er gehört dem Stab an! Weck ihn auf, um Gottes willen!«

»Um deinetwillen, wolltest du sagen, oder, Jones?« fragte Brunner ohne Zorn in der Stimme, aber auch ohne jedes andere Gefühl. »Sein Körper hat sich allem verschlossen, damit er sich in Ruhe erholen kann, und du willst ihn wieder wachrütteln. Zur Strafe für diesen Vorschlag hilfst du ihn tragen!«

»Wird er wieder, Kim?«

»Reichlich zerbeult, aber nichts gebrochen. Er ist transportfähig.«

»Ich werde das andere Ende übernehmen«, bot sich Horek an. Er leerte seinen Tornister und verteilte die Gegenstände an die anderen. »Ich hätte gern eine Quittung«, sagte er zu Niemöller, als dieser seinen Helm an sich nahm. Dann baute Horek den Rahmen und Bezug des Tornisters zu einer Trage um. Die Alternities hatten von jeher eine besondere Schwäche für ›Allzweck-Konstruktionen‹ gezeigt. Andere nannten es ›alle Eier in einen einzigen Korb legen‹.

»Beeil dich«, sagte Brunner und befestigte den Schlüssel wieder an seinem Gürtel. »Wir haben noch das volle Hundert vor uns.« Und sie beeilten sich, stießen sich die Köpfe und Ellbogen und Schienbeine, weil der Schlauch schon ohne das mühsame Mitführen eines entkräfteten Körpers eng genug war. Nach etwa einer Stunde hatten Veteranen und Neuankömmling zu einer vernünftigen Marschordnung gefunden, und sie machten sich an die einhundert Kilometer zum nächsten Einstieg.

Die erste Stimme, die sich erhob, stammte von De La Warr. Er trug den schwarzen Mantel und Hut eines Offiziers der föderalistischen Infanterie, ausgebeulte blaue Hosen und ein rotes Kettenhemd, das seinen Träger zwar nicht so kraftvoll wie einen Dreißigjährigen erscheinen ließ, aber immerhin vor Messern schützte.

De La Warr, halb Unionssoldat, halb Superheld, strich über seinen britischen Kavalleriebackenbart und sang mit voller Baßstimme:

Und ist das Gras auch grün, und zieh'n die Wolken watteweiß,
Und zirpen Grillen durch die Sommernacht so heiß,
Das kann die Welt nicht sein, die wir die Erde nennen,
Wenn wir am Himmel keinen einz'gen Stern erkennen.

Einundzwanzig Stimmen sangen. Brunner sang; Niemöller sang. Jones atmete schwer. Der Schlafende atmete ruhig.

Die Heimat ist nur noch ein Wahn,
Der Mond zieht nicht mehr seine Bahn,
Und die Augen, die du einst geliebt,
Blicken gebrochen dich an.

Diesmal, obwohl nicht zum erstenmal, schaute niemand zu dem blauen Glühen der Einstiegsmarkierung zurück und fragte sich zweifelnd, ob er oder sie falsch gewählt haben mochte.

Oh, der Weg nach Mandalay...

Zehn Kilometer verstrichen, und der Mann auf der Trage bewegte sich leicht. Zwanzig, und er stöhnte – sie hielten an, setzten ihn ab, und er versank erneut in tiefen Schlaf. Dreißig, fünfunddreißig, und Brunner ordnete einen Halt für den ›Tag‹ an. Alle hockten sich hin, nachdem sie sich relativ bequeme Stellen zwischen den Kisten gesucht, ihrer Tornister und der wenigen Kleidung entledigt hatten. »Erste Schicht«, sagte Brunner, und alle anderen Personen im Schlauch schützten ihre Augen vor dem Leuchtstreifen und legten sich zum Schlafen nieder.

In dem Moment wachte der Mann natürlich auf.

»Wo, zur Hölle...« Er versuchte sich unbeholfen zu erheben, glitt mit einem Fuß auf der Trittfläche aus und landete völlig durcheinander zwischen verschiedenfarbigen Leitungen und an Horeks Seite. Dann sprach er erneut, und jeder – gleichgültig wie tief er geschlafen hatte – war mit einemmal hellwach und vernahm: *»Wir sind im Schlauch!«*

Charlie Brunner hatte sich erhoben, war fehlgetreten und rappelte sich von der Lauffläche auf. Die Augen des Mannes entdeckten Brunner und schwollen an. »Jesus Christus, Sie sind ein NUSDEN! Ich schätze, das erklärt – nein, tut es nicht –, was, zur Hölle, ihr Kerle in diesem Raum treibt! Wir selbst...«

»Ich heiße Brunner«, unterbrach er ihn. »NUSDEN Fünf. Ich führe diese Leute in Richtung Heimat. Und wer sind Sie? Woher kommen Sie?«

»Alwin Lermontow, Hardware Zwei«, antwortete der Stabszugehörige, als wäre es vollkommen klar, daß Brunner auf seine Antworten ein Recht habe. »Vom Alternities Center in Ouray.«

Brunner ging in die Knie, ergriff Lermontows Arm. »Sagen Sie das noch einmal«, bat er eindringlich, aber mit einer Stimme, die er völlig unter Kontrolle hatte. »Woher kommen Sie?«

»Von Ouray natürlich, Colorado...« Dann, nervös: »...Erde.«

»Und Sie kamen durch den Schlauch hierher?«

»Sechs von uns – das heißt, wir *waren* sechs. Das ist alles – wie kamen Sie...«

»Wie viele Einstiege?«

»Was?«

»Wie viele Einstiege in der Richtung? Wie weit ist es nach Ouray?«

»Einhundert Kilometer – nur einer! Mein Gott, wie viele gibt es denn?«

»Wenn Sie wüßten«, sagte Brunner, »wenn Sie verdammt noch mal wüßten«, und dann kam die Explosion: Hochschreie und Gebrüll und ein oder zwei lästerliche Gebete.

Sie kauten die Schokolade aus den Rationen und tranken Fingerhüte voll Whisky aus einer Feldflasche in Niemöllers Tornister. Lermontow nahm dankend einen Schluck, sagte aber nichts weiter zu Niemöller, der mit einem scharfen Blick und einem Nicken entgegnete.

Schließlich begab sich Lermontow dorthin, wo Brunner saß, und flüsterte mit ihm. Die zwei Männer schritten ein Dutzend Meter in den Schlauch hinein; die anderen achteten kaum darauf.

»Was Sie da geleistet haben... es ist nicht zu glauben. Erzählen Sie mir noch einmal, wie lange Sie schon marschieren!«

»Oh, es gibt Leute unter uns, die über zweihundert Einstiege mitgemacht haben, vielleicht dreihundert. Fünf Jahre nach unserer Zählweise. Sie kommen und gehen – der Neueste ist erst seit fünfzehn dabei. Das heißt, wenn man Sie nicht mitrechnet.«

»Ein langer, langer Weg.«

»Das ist kein Argument.«

»Und der Schlauch, ist er überall wie hier?«

»Geben oder nehmen Sie einen Quadratzentimeter der Wand, jedes Bißchen ist ebenso wie hier.«

Lermontow nickte. »Wir fragten uns das, als wir die Öffnung – den, äh, Einstieg in der Nähe des Centers fanden. Aber wir hätten niemals vermutet, daß es so weitergeht.«

»Wußten Sie nicht, daß die Alternities dermaßen umfassend ist?«

»All Ihre Planetenbesuche – Einstiege – waren also verschieden?«

»Manche mehr, manche weniger, aber im Grunde schon.«

»Es sind weit weniger als dreihundert Möglichkeiten in den Unterlagen in Ouray verzeichnet.«

Brunner holte den Schlüssel hervor. »Dieser ist ebenfalls nicht in den Ouray-Unterlagen aufgeführt, oder?«

Lermontow hielt seine Hand hin. Brunner steckte den Schlüssel in seinen Gürtel zurück. »Stimmt's?«

»Wir hatten den Unterraum Vier vergessen. Nur einer von uns sechs hatte – bevor wir aufbrachen – schon den Schlauch gesehen. Und wir mußten ihn erst durch Experimente ausfindig machen.«

»Der Bruch?«

»Der Bruch. Der Bruch. *Zum Teufel* mit dem Bruch... Sagen Sie mir, N-Fünf Brunner, wo haben Sie dieses Wort zum erstenmal gehört?«

»Ich weiß nicht. Ich hab's vergessen. Vielleicht hab' ich es mir auch ausgedacht.«

»Nun, wir in Ouray hatten es auch vergessen; und wir meinten, *wir* hätten es uns ausgedacht.«

»Also, wer in Gottes Namen *tat* es dann?«

»Wer immer die Baumeister waren, nehme ich an. Mag sein, daß es etwas damit zu tun hat, was die Alternities wirklich ist.

Schauen Sie nicht so erschreckt! Wenn Sie sich noch nicht gefragt haben, was es mit der Sache wirklich auf sich hat, sind Sie ein verdammter Narr. Es kann doch nicht nur ein Vergnügungspark sein!

Sehen Sie! Wenn Sie noch niemals in Ihrem Leben von einer Automatikpistole gehört oder eine gesehen hätten, so könnten Sie nicht eher wissen, um was es sich dabei handelt, bevor Sie eine fänden. Sie könnten den Lauf nehmen und damit Nägel einschlagen, brauchten Sie gerade Nägel, die es einzuschlagen gälte. Und Sie könnten sich bei diesem Tun in die Eingeweide schießen, aber wessen Schuld wäre das?«

»Sie meinen, wir haben das System mißbraucht?«

»Vielleicht. Vielleicht tat es auch ein anderer. Hat nicht jeder schon einmal versucht, mit den Maschinen zu hantieren, die er vorfand?«

»Sie wollen sagen, Gott zu spielen?«

»Das ist eine gute Bezeichnung dafür.«

»Ja, ich... das haben wir.«

»Ich klage nicht an.«

»Die Eingriffe waren so... groß, so wohlorganisiert...«

»Haben Sie jemals eine Meute Kinder gesehen, die mit Sprengstoffkapseln spielt? Sie sind ausgesprochen gut organisiert, bis eine hochgeht.«

»Einen Moment zuvor sagten Sie noch, der Bruch – sollte es jemanden geben, der will, daß man es so nennt, behalten wir den Ausdruck besser bei –, der Bruch hätte das Tor beeinflußt.«

»Er wirkte sich auf eine ganze Menge von Dingen aus. Es scheint nun beispielsweise einen Unterraum *Fünf* zu geben; aber ich würde mich um keinen Preis in ihn hineinbegeben... selbst wenn man durch ihn ins Innere des Berges käme.«

»Sie können es nicht? Ist im Inneren alles zerstört?«

»Wir haben mit nichts mehr Berührung, was sich unterhalb des Witwenstegs befindet. Die tiefen Schächte sind zusammengebrochen und voller Steine. Die Leute dort konnten sich entweder durch die Bruchstellen retten, als sie noch offen waren... oder sie starben, nehme ich an.« Er beugte sich vor. »Deshalb wollten wir auch wissen, ob der Schlauch frei ist, können Sie das nicht verstehen? Wir wußten wirklich nicht, um was es sich eigentlich handelte, noch weniger, wer es erschaffen hat; der einzige Hinweis, den uns eine Unterlage gibt, spricht von einem ›einfach verbundenen Mach-Universum‹. Soviel Wörter. Wir dachten, es könnte uns auch in das Innere des Berges bringen. Wir haben niemals erwartet, was wir hier fanden.«

»Es ist etwas Grauenhaftes daran, nicht wahr? Ein unterirdischer Tunnel zu den Sternen.«

»Wir viele Einstiege waren es bei Ihnen?«

»Nach den ersten hundert hört man zu zählen auf. Manche haben dreihundert mitgemacht, vielleicht mehr; einhunderttausend Meter voneinander entfernt.«

»Äh... Ihr Niemöller; wie lange marschiert er schon?«

»So lange wie irgendeiner von ihnen; er und Jones.«

»Es wäre unmöglich – Sie wissen, daß er unmöglich noch dem Stab angehören kann, wenn wir das Center erreicht haben. Es dürfte eine Entschädigung geben – aber die Corporation – ich meine...«

»Was wird Niemöller ohne Panzer tun, die er fahren kann? Einen Krieg finden, in dem welche eingesetzt werden. Und wenn er keinen Krieg findet, fängt er vielleicht einen an. Männer wie Niemöller können nicht untätig sein. Sie finden immer eine Aufgabe, die es zu bewältigen gilt.«

Lermontow biß in seinen Daumen und nickte abwesend. »Ganz genau. Brunner, kommt es Ihnen nicht auch seltsam vor, daß dies alles so... nun, *zugeschnitten* ist... auf die Menschen? Die richtige Höhe, Breite, Temperatur, Luft?«

»Sie sind voreingenommen, Lermontow. Sie haben einen Einstieg geknackt und fanden ihn voller Monster, also denken Sie, es sei überall so. Ich habe Hunderte von Gebieten gesehen, und für mich steht die Antwort fest. Wir befinden uns in einem von Menschen erschaffenen Bauwerk, einem von Menschen konstruierten System. Die Monster sind nicht mehr als ein weiterer Teil des Bruchs – die verflucht gewaltigste Funktionsstörung im Universum.«

»Aber das ist es doch; genau das ist es! Ouray Center wurde gebaut, nachdem ich geboren war, Brunner. Ich habe mich frisch von der Schule daran beteiligt; ich *weiß* es. Und ich weiß, daß *meine* Alternities Corporation dies hier nicht erschaffen hat. Wer also...«

»Nicht Ihr Ouray, also war's meins, das wollen Sie doch sagen, nicht wahr? Nein, Lermontow, meine Heimatlinie hat das ebensowenig erschaffen. Wir benutzten das ›bereits vorgegebene‹ Konzept und versuchten nicht allzuviel darüber nachzudenken. *Aber*« – er beugte sich vor und drückte Lermontows Handgelenke – »es sind einundzwanzig Leute hinter uns, die ihr Zuhause suchen; und die meisten von ihnen sind schon zu lange allein gewesen, als daß Veränderungen in den Namen britischer Herrschaftshäuser oder in der tibetanischen Politik von großer Bedeutung für sie wären. Ich wäre Ihnen dankbar, wenn Sie ihre Gedanken mit der Wahrheit über ihre Zukunft nicht noch mehr vergiften, als es bereits der Fall ist.«

Er zog erneut den Schlüssel hervor. »Ich weiß zum Beispiel, daß wir nur einen davon haben. Und weil Sie ja nun hier sitzen, kann dieser schlecht der Ihre sein, oder? Folglich kann Ihrer nicht meiner sein – und auch Ihr Ouray nicht das meine.«

Brunner ließ Lermontows Handgelenke vollends los.

»Ich habe... nur gemutmaßt, nicht vergiftet, Mr. Brunner. Sie sind ein Fünfer. Ich verstehe das.

Aber verstehen Sie dies: Ich habe noch niemals in meinem Leben ein solches Gerät wie Ihren Schlüssel gesehen.«

Brunners Augen weiteten sich. »Was soll das heißen? Wie sind Sie dann in den Schlauch gekommen?«

»Mittels eines Brettes und eines Versuchsaufbaus, den ein Mann tragen mußte. Zwei weitere Männer hielten die Antennen. Verstehen Sie jetzt, was ich sage? Unser Schlüssel liegt zusammen mit dem Rest unseres Wissens unter dem Berg vergraben, verdammt – sofern es nicht der ist, den Sie soeben in Händen halten.«

Brunner schob den Schlüssel fort, rieb seine Augen mit Daumen und Zeigefinger. »Lassen Sie uns zurückgehen und es überschlafen. Kein Wort darüber, was wir gesprochen haben, Alwin?«

»Kein Wort... Charlie.«

Brunner zog seinen Blendschutz herunter und legte sich zum Schlafen zurecht, und nur ein paar der anderen hörten ihn flüstern:

»Komm zurück nach Mandalay,
Zu den Schiffen und zur See,
*Hörst du nicht die Schaufeln rauschen...«**

Es dauerte lange, bis der Schlaf endlich kam, und zudem war er sehr unruhig, aber Brunner bestand darauf, daß niemand weiterzog, bevor er nicht laut Kims Taschenuhr fünf Stunden geschlafen hatte (der einzige aufziehbare Zeitmesser in der Gruppe und deshalb auch der einzige funktionierende. Trotzdem machte Kim sich nur die Mühe des Aufziehens, wenn sie etwas Bestimmtes zu messen hatten. Die Zeit schien eine seltsame und unnatürliche Einrichtung in Raum Vier zu sein, wo die Planeten einhundert Kilometer voneinander entfernt lagen).

Lermontow beobachtete das ›Morgenritual‹ mit einiger Verwunderung. »Schamhaft?« fragte Sand ihn. »War ich auch einmal«, und reichte ihm einen Schwamm und zeigte ihm, welchen Hahn an der Wand er drehen mußte, um Wasser zu bekommen,

---

* Quelle siehe oben

welcher ihm Dampf lieferte, um den nassen Schwamm zu erwärmen, welcher Druckluft verabreichte. »Machen Sie schon, tun Sie Ihre Arbeit. Wir werden Sie dafür lieben. Warum, meinen Sie, ziehen wir sonst so sorgfältig die Vorhänge zu?

Niemand ist nach dem ersten Dutzend Einstiegen noch schamhaft und zimperlich, sondern badet in den Luftströmungen und hockt sich über die Kante der Trittfläche – und schläft vor allem nicht auf diesem Blechgitter.«

»Dann haben Sie auch...«

»Nicht oft. Zuviel Gestoß und Gebums, während man selber stößt und bumst. Meist warten wir auf ein freundliches Gebiet. Doch das kann lange dauern.«

»Ich habe noch keine gesehen, die...«

»Sie sind erst eine Nacht hier. Es gibt eine Menge, was Sie noch nicht gesehen haben.«

»Wie lange machen Sie das schon mit?«

»Lassen Sie's mich auf meine Weise sagen: seit einhundertund... äh... zweiunddreißig Einstiegen, Ihrer mitgezählt. Danke, daß Sie mich daran erinnert haben.« Sie kratzte eine weitere Kerbe in die Innenseite ihres Gürtels.

»Haben Sie niemals« – er blickte zu Brunner, sah ihn beschäftigt – »eine Gegend gefunden, in der Sie bleiben wollten?«

»In über drei Jahren? O ja.« Sie fuhr sich durch ihr feines schwarzes Haar. »Zwanzig sogar. Wir alle haben das – außer Charlie, glaube ich. Und vielleicht Günter Niemöller.«

»Aber er scheint mir am unzufriedensten von Ihnen allen zu sein. Mit dem Marsch, meine ich.«

»Ich weiß. Er singt immer seine deutschen Soldatenlieder als Antwort auf ›Mandalay‹, und er dichtete auch eine Strophe hinzu, ›Was bringt die Heimat euch denn, he?‹ Aber immerhin marschiert er schon seit dreihundert Einstiegen! Er markiert wie ich die Innenseite seines Gürtels; ich habe einmal einen Blick darauf werfen können, und sie war übersät mit Kerben. Wenn er so darauf aus wäre, seine Ruhe zu finden, wie er behauptet, hätte er das inzwischen doch wohl getan, oder nicht?

Sehen Sie sich seine Uniform an. Die Leute nennen ihn oft einen Nazi, aber was heißt das schon? Ich habe noch nie in meinem Leben einen echten Nazi gesehen, aber ich las über sie, daß sie alle

Juden und Polen und Schwarze hassen. Nun, De La Warr ist Jude und Horek ein Pole, und ich bin schwarz, und er behandelt uns ebenso wie jeden anderen auch. Der einzige, den er schikaniert, ist Deke Jones, der weiß ist und Amerikaner und scharf aufs Kriegspielen.«

»Eine ganze Menge Deutscher waren keine Nazis«, sagte Lermontow ruhig. »Trotzdem haben sie die Befehle sauber ausgeführt.«

»Charlie hat das niemals getan, und ich kann nicht glauben, daß er jemals jemandem befehlen würde, mit ihm zu kommen. Wenn Günter bei uns bleibt, dann, weil er es will.«

»Vielleicht sucht er etwas... Bestimmtes.«

»Das tun wir alle. Die Heimat nämlich.«

»Und wenn Sie sie gefunden haben?«

Sie schloß den Saum ihres Leotards und kontrollierte den Sitz. »Ich möchte keine Blitzpfeile mehr schleudern. Ich will wieder eine Bank führen, anstatt die Leute zu beschützen.

Das ist seltsam, wissen Sie – die erste Zeit hier drinnen habe ich, wer weiß wie lange, darüber nachgedacht, was ich wohl vor dem Bruch tat.«

»Sie werden nicht mehr fliegen dürfen.«

Sie lachte, betrachtete ihre dunklen Hände, strich über die Schwielen auf den rosafarbenen Innenflächen. »Ich bin seit Jahren nicht mehr geflogen. Auch nicht nach dem Bruch, ehe Charlie mit seiner Gruppe daherkam. Und ich würd's auch jetzt nicht tun, selbst wenn ich könnte.

Den ersten Hinweis darauf, daß was schiefgelaufen war – nach dem Bruch –, erhielt ich, als jemand in einem goldenen und schwarzen Kostüm mitten aus der Luft fiel. Er oder sie schlug keine dreißig Fuß von der Stelle entfernt, an der ich stand, auf den Beton auf. Ich kannte den Anzug nicht, und es gab auch nicht viel zu erkennen.

Das hätte sehr leicht sein können, eben noch im freien Flug, und dann plötzlich ein Knall, weg ist die Kraft, und man hängt dort oben in der Luft und ist nicht länger eine Superheldin.

Nun erzählen Sie mir etwas. Sie gehören dem Stab an. Was bedeutet das eigentlich genau, ein ›Fünfer‹ zu sein?«

»Ich bezweifle, daß ich das – genau – erklären kann. Man hat mir allerdings mal gesagt, wenn ein Fünfer einem etwas erzählt, von dem man weiß, daß es falsch ist, hat er doch *recht*. Beantwortet das Ihre Frage?«

»In etwa«, sagte sie milde. »Mr. Lermontow, es gibt doch keine Alternities Corporation mehr, oder? Außer den kläglichen Überresten hier?«

»Es gibt... nein, es gibt keine, Miß Sand. Außer den kläglichen Überresten hier.«

»Wir haben heute ein neues Mitglied«, sagte Brunner, als sie angekleidet waren, die Tornister geschultert hatten und in Reih und Glied dastanden, »und wir wollen ihm nun das Gruppenlied beibringen.

Beginnen wir also mit den Strophen des guten alten Kipling:

Bei der alt' Moulmein Pagode sitzt ein Mädel, das sich kränkt...«

Einundzwanzig Stimmen sangen zusammen, und die letzte lernte schnell.

Fünfunddreißig Kilometer verstrichen wie nichts.

»...kommt die Dämm'rung über See! Nun denn, das war der Tagesmarsch. Alles anhalten; jeder richtet sich ein.«

»Was soll das, Charlie? Wir sind doch noch frisch; marschieren wir weiter bis zum nächsten Einstieg!«

»Zur Hölle, ja! Ich habe meine letzte Nacht auf diesem Schienenstrang geschlafen!«

»Warum nicht in einem durch?«

»Weil ihr eben nicht frisch genug seid.« Brunner wandte sich um und blickte der nachdrängenden Reihe in die Gesichter. »Ihr seid fünfunddreißig Kilometer marschiert, und das ist das Äußerste ohne Ruhepause.«

»*Warum*, Brunner?« Das war Niemöller. Licht verfing sich in den Abzeichen auf seiner Felduniformmütze und dem Waffenrock. Seine Halftertasche stand offen, und obwohl sich seine Hand nicht in der Nähe der Pistole befand, war sein Daumen doch in einem vollendeten Griff von den Fingerspitzen fortgestreckt.

Zu rasch zum Mitverfolgen schnellte Brunners Hand zurück und nach vorn, kam dabei mit dem Betäubungsstab wieder hoch. Er stellte sich breitbeinig auf. »Weil es die Regel ist«, sagte er. »Du wirst nach dem ständigen Tragen von siebzig Kilo erschöpft sein. Dies ist ein Einstieg mehr, den wir nehmen müssen – eben der nächste Einstieg entlang des Schlauches, verstehst du mich?«

Vierundzwanzig Augen richteten sich auf Niemöller. Er sah hinunter auf seine offene Hand, seinen Halfter. Dann brachte er seine Hand leer nach oben und blickte Brunner direkt ins Gesicht, schaute dabei durch die Leute hindurch, die sie voneinander trennten.

»Ja«, sagte er mit einer sanften Stimme, die an ihm mehr erstaunte als ein Schrei. »Ich verstehe, Charlie. Ein weiterer Einstieg entlang unseres Weges. Eine weitere Nacht auf dem Feld.«

»Dann wirst du dich also setzen? Der Stab würde dich nicht verletzen, das weißt du – deshalb zögere ich keinen Moment, ihn zu benutzen. Ich kann jeden zur Pause zwingen, auch wenn er sie nicht möchte.«

»Ich nicht«, sagte Niemöller freundlich. »Ich denke, ich werde es mir hier bequem machen.« Er setzte sich, streckte seine Beine aus, zog die Mütze tiefer, um seine Augen zu beschatten, als wäre sie eine Tarnkappe und er könnte dadurch außer Sicht geraten. *»Vor der Kaserne bei dem großen Tor«*, sang er, *»stand eine Laterne, und steht sie noch davor* – mein Singen stört dich doch nicht, oder?« Er wartete.

»Nein«, sagte Brunner und entledigte sich seines Tornisters. »Erste Schicht. Kim, zieh deine Uhr auf. Fünf Stunden für jeden.«

Da wollen wir uns wiedersehen,
Bei der Laterne wollen wir stehen,
Wie einst, Lili Marle-ne,
Wie einst, Lilie Marlene.

Nach dem abendlichen Hin und Her ließ Sand sich in der Nähe von Brunner nieder – der wie stets einige Schritte abseits der Leute saß. Er hockte/hing vornübergebeugt, Hände um die Knie, den Kopf schräg. Sein Blendschutz verbarg den oberen Teil seines Gesichts; das von oben einfallende Licht beschattete den Rest.

»Charlie?«

Er bewegte nichts außer seinen Lippen. »Ich habe die erste Schicht. Es wird warten können, bis wir aufbrechen.«

»Nein, kann es nicht. Charlie, was wirst du tun, wenn wir die Heimat erreichen?«

»Was immer es zu tun geben wird.«

»Dort draußen existiert keine Alternities mehr, Charlie. Wenn wir nach Hause kommen, wird es nichts mehr zu tun geben.«

»Du hast Lermontow nicht gehört. Sie graben noch immer im Berg und versuchen herauszufinden, was falsch lief.«

»Das sind Bergungsarbeiten. Damit hast du nichts zu tun.«

»Das denkt auch Lermontow.« Er drehte ihr den Kopf zu. Der Leuchtstreifen malte zwei schillernde Punkte auf den weichen, dunklen Blendschutz, falsche Augen, die sie anstarrten. »Kennst du denn meine Aufgabe, Sand?«

»Du bist ein NUSDEN-Fünf.«

»Du kennst sie nicht.« Er wandte sich wieder ab.

»Ich glaube, morgen werde ich sie kennen.«

Er blickte sie erneut an. »Das ist möglich, Laura. Das ist durchaus möglich.« Er rollte sich auf die Seite, eine Stellung, die unbequem war, aber in der ihm niemand ins Gesicht schauen konnte.

Bevor sie ihn sich selbst überließ, hörte sie ihn noch singen. Sie kannte das Lied, doch die einzigen Wörter, die sie vernahm, lauteten: »... keine Tramwaylinie bringt mich von der Bank nach Mandalay.«*

»Sand, du und Lermontow übernehmen diesen Einstieg.«

»Mr. Brunner, es wird nicht nötig sein...«

»Sie haben selbst gesagt, daß sich die Dinge geändert haben, Lermontow. Vielleicht auch an diesem Ort. Auf Position? Gut. Du lieber Himmel, meint ihr, ich würde mich nicht danach sehnen?« Niemand antwortete auf diese Frage.

»Achtung, fertig, los!«

Ein haarfeiner Ring aus gelbem Licht erschien. Sonnenfarbenes Licht – aber hatten sie diese Farbe nicht schon einmal gesehen?

»K-kein Druckunterschied.«

Sie mußte beide Hände benutzen, um das Prüfgerät ordnungsgemäß zu drehen. »Werte normal.«

---

* Quelle siehe oben

»Dann ist ja alles in Ordnung. Seid nicht zu sorglos, der Rest von euch! Colorado hat Grizzlys. Wildkatzen.

Achtung. Fertig.

Los.«

Als der Spalt um den Einstieg eine Handspanne breit war, rief jemand: »Bäume!« Und verstummte sofort unter dem Eindruck von Charlie Brunners Augen.

Der Freiraum vergrößerte sich, und sie alle sahen die Bäume. Und die schneebedeckten Gipfel und den Wasserfall, der das Brausen der Luft im Schlauch übertönte.

»Ich kenne solche Fälle. Vom Copter aus, als wir zum Center flogen – wie viele Jahre mag das her sein? Wie viele Jahre?«

»Dann kannst du auch noch weitere fünf Minuten warten.«

Sand hielt es nur unter offensichtlichen Schwierigkeiten an ihrem Platz aus. »Jemand zu sehen?« fragte Brunner, und sein Griff bannte sie an die Stelle.

»Niemand, Charlie.« Ihre Stimme klang dünn.

»Dann erhöhe auf maximalen Radius. Genau – *jetzt*.«

Sie wäre beinahe gestolpert, trotz ihrer Erfahrung nach über hundert Einstiegen, klopfte abergläubisch auf die schwebende Scheibe, ohne sich dessen bewußt zu sein. Sie blickte nur geradeaus.

Hochland erstreckte sich vor ihr und zu den Seiten und in der Tiefe. Grüne Kiefern, erzhaltige Berge, rot wie die Hölle unter einer nachmittäglichen Sonne, gelbe Blumen, im buschigen Gras verstreut. Eine gewaltige Felswand ähnlich dem Zuckerhut erhob sich vor ihnen, mitten entzweigeschnitten von einem Wasserfall aus Silber und Fäden und Rauch. Hinter allem zeichneten sich Berge mit weißen Hauben ab (Schnee! Mein Gott, *Wasserschnee!*), die in einen tiefblauen Himmel hineinstießen. Wundervolles Saphirblau. *Heimathimmelblau*.

Sand taumelte vorwärts, Kies knirschte unter ihren Stiefeln, ihr Haar flatterte in einer plötzlichen Brise. Ihr rechter Arm hing herab, die Finger gespreizt, als beabsichtige sie, alles fremde Leben mit einem Donnerschlag aus der Landschaft zu fegen.

Sie wirbelte herum, um sich den Einstieg anzusehen, ein sauberes ringförmiges Krapfenloch in einer schwarzen Schieferschicht. Sie starrte in die blassen, erwartungsvollen, sehr angstvollen Gesichter darin; hinunter auf den Boden, der hartnäckig seine natürliche Farbe behielt; hinauf in den Himmel.

Etwas lief an ihrem Gesicht herab wie ein Messerschnitt, der es häßlich bloßlegte. Dann wurde ihr Blick klar.

»Charlie? Charlie, komm her.«

»Ich komme, Laura.« Doch Brunner erschien als letzter und nicht als erster, im Anschluß an eine Flut bunt zusammengewürfelter Leute, die ihre Tornister ablegten und ihre Waffen und Teile ihrer Kostüme, während sie in die Welt hinausrannten.

Und als nur noch Brunner in der Öffnung stand, winkte er Sand zu sich ins Innere. Sie kam.

»Was ist es, Laura? Der Mond?«

»Du hast es gewußt.«

»Erraten. Der Himmel ist in Ordnung, und die Wolken sind alles andere als grün, und das Sonnenlicht wirkt normal. Keine bedrohlichen Schatten auf dem Boden. Demnach muß es der Mond sein, den du gesehen hast.«

»Also ist dies nicht – die Heimat. Wir gehen weiter.«

»Du gehst weiter; ich nicht.«

»Was?«

»Ich habe mich deutlich genug ausgedrückt. Hier, nimm das.« Er drückte ihr den Schlüssel in die Hand. »*Nimm* das verfluchte Ding; ich werde wohl keine zweite Chance mehr haben, ihn dir klammheimlich zu geben. Du weißt, wie er benutzt wird.«

Plötzlich ertönte von draußen ein Schrei: »Der Mond! Verdammt noch mal, seht euch den Mond an!«

»Komm, wir schauen ihn an, Mrs. Brunner«, sagte Brunner zu Sand. Sie folgte ihm nach draußen, wortlos.

Ein Loch war im Mond; ein Biß, den man ihm zugefügt hatte, mit einer Anzahl kleiner weißer Flecken um die beschädigte Stelle.

»Die Süddeutschen«, sagte Lermontow, seine Augen auf Niemöller gerichtet, seine Stimme beklommen. »Im Fünften Weltkrieg – legten sich schon mächtig ins Zeug dort im nordafrikanischen Stützpunkt. Sie veränderten sogar seine Umlaufbahn ein bißchen.

Mr. Niemöller, unsere transalpine Front von '44 wurde schon Jahre vor dem Bruch dicht gemacht. Es war zuviel des widerwärtigen Spiels geworden. Tut mir leid... aber ich weiß nicht, was für

Sie noch drin ist. Die süddeutsche Regierung könnte Sie finden…«

»Süddeutsche? *Teufel, der du bist in der Hölle,* was sind *Süd*-Deutsche? Muß ja ein komischer Krieg gewesen sein, von dem Sie faseln!« Er zog seine Walther. Lermontow trat zurück, hielt seine Arme vor das Gesicht. Niemöller schoß mit seinen Explosivgeschossen einige Felsen in Stücke. »Mir reicht's. Ich bin nicht willkommen. Kommst du mit, Jones – äh – *Herr Panzerführer?*«

Jones erhob sich zitternd. »Nein«, sagte er und hatte Mühe, die Wörter zu bilden. »Nicht mehr. Es ist nur – nur ein Loch im Mond, das ist alles; nur ein kleines Loch dort oben im Mond!« Er bewegte sich so, daß Lermontow zwischen ihn und Niemöller geriet. »Ich kann damit leben, ob du es nun kannst oder nicht! Ich kann damit leben!« Sein ganzer Körper bebte, während er auf den verwundeten Mond deutete.

»Er ist nicht mehr derselbe«, sagte Horek ruhig. Einige Leute wandten sich ab. Niemöller schob einen neuen Ladestreifen in seine Pistole, die Lippen fest aufeinandergepreßt. Er steckte die Waffe in den Halfter, ohne zu lächeln oder die Stirn zu runzeln, ohne Erstaunen.

»Du siehst«, flüsterte Brunner Sand zu, »warum es ein so langer Marsch nach Hause ist? Die Heimat ist kein absoluter Begriff. Sie ist nicht der Ort, den man verlassen hat. Nur der Ort, den man zu erreichen versucht, um dort zu bleiben.«

»Aber warum willst du bleiben? Es ist ebensowenig dein Zuhause wie das von Günter.«

»*Doch, das ist es.* Alles was ich bin, alles was ich jemals war, ist ein Führer der Alternities. Und die Alternities existiert nun nicht mehr. Außer *hier* – hier gibt es noch Arbeit, die getan sein will, und einen Platz für mich. Lermontow erkennt das nicht; er ist nicht marschiert, er kennt nicht den Unterschied zwischen Zuhause und Heimat.«

Sie blickte zu dem Schlüssel hinab, der an ihrem Gürtel befestigt war. »Also willst du, daß ich hier und jetzt einfach das tue, was seit dem Bruch du getan hast?«

»Komm mit mir.« Sie gingen hinter eine Ansammlung von Felsen, außer Sicht, wo keiner sie beachtete. »Hör mir gut zu. Glaub nur, was ich sage.

Ich bin nicht seit dem Bruch marschiert. Höchstens zweihundert Einstiege lang. Es gibt keinen Charlie Brunner, Anführer der Menschen – oder besser: Ich bin der Brunner Siebzehn, seit der Marsch begann. Du wirst Brunner Achtzehn sein.

Weißt du, *wer* uns seit dem Bruch begleitet hat – der übrigens schon beinahe eintausend Einstiege her ist?«

Sie lehnte sich an den Felsblock, den Mund weit offen.

»Es ist wahr. Ich bin nicht der Anführer; ich besitze gar kein Talent dafür, wie der Zwischenfall letzte Nacht bewiesen haben dürfte. *Er* besitzt das Talent, und er ist ein Zauberer. Auf Umwegen, indem er Geräusche hervorruft und stets von neuem schikanöse Stichworte erteilt, bringt er es fertig, einen anderen als den Anführer hinzustellen. Konntest du nicht sehen, wie er letzte Nacht alles unter Kontrolle bekam, als ich eine Szene machte? Nur durch einen bestimmten Tonfall und ein Lied.«

»Niemöller«, sagte sie, als wäre es ein unflätiges Wort. »Aber warum?«

»Weil wir ausbrennen, deshalb. Ein wirklicher Anführer könnte niemals die Heimat finden, oder nicht? Sie läßt sich nicht finden. Ein wirklicher Anführer würde für immer gefangen sein auf seinem Weg ins gottverdammte Nirgendwo.

Also spielt man eine Rolle. Eine Maske und ein Umhang, wie dein Superanzug, das zieht die Aufmerksamkeit an, das bringt hoffnungslose Menschen dazu, weiter auf etwas zuzumarschieren, das ihnen als Zuhause dienen kann. Und kann abgegeben werden, wenn der Träger selbst etwas findet, das ihm als Zuhause geeignet erscheint. Ein paar hundert Einstiege den Schlauch entlang wirst du es an einen anderen weiterreichen... Miß Brunner. Nun gebe ich dir den Schlüssel und den Namen und den Segen: *Möge Günter Niemöller ewig leben.*

Nun, ich schlage vor, wir machen uns von hier aus auf den Weg zum Ouray Center. Einige von uns werden bleiben wollen. Aber ich bin sicher, du wirst ausreichend Leute finden, die sich begierig auf die Suche nach der Heimat machen. Führ sie sicher hin!«

Sie begannen zu marschieren. Anfangs hing sie nach und sprach nicht. Dann langte sie in ihren Tornister, kramte den Umhang jenes Kostüms hervor, in dem sie einstmals geflogen war. Sie begann ihn an den Schultern zu befestigen, zögerte dann und warf ihn sich über.

Sie rannte nach vorn, um zu ihm aufzuschließen. »Ich werde wieder fliegen, nicht wahr? In gewisser Weise wenigstens. Höhenflug ist Macht.«

»Die Illusion des Fluges, das ist alles, was die Alternities jemals verkaufte. Vergiß das nicht.«

Sie schüttelte den Umhang aus, ließ ihn in der sauberen Erdenbrise wallen. Für eine Weile sah sie ihm zu, blickte dann auf Brunner und den Mond.

Als die Gruppe das Ouray von Lermontow erreichte, schritt sie an der Spitze, und der NUSDEN-Offizier – wer immer er war – ging verloren in dem Haufen hinterher.

Sie ordneten sich zum Gänsemarsch, eine merkwürdige Gruppe, halb in lohfarbenen Jacken und halb in fremdartigen Kostümen, die nun dreißig Leute zählte, aber beim nächsten Einstieg oder beim übernächsten – oder doch dem Einstieg darauf – leicht einige gewinnen oder verlieren konnte.

An der Spitze der Schlange schritt eine Frau in Schwarz, eine Superheldin, die noch über einen Teil ihrer Zauberkräfte verfügte. Charlie Brunner. (Charlene? Charlotte? Vielleicht vor dem Bruch. Doch hier Charlie.)

»Wir haben noch ein volles Hundert vor uns«, sagte sie mit ihrer hellen, klaren Stimme, »also beeilt euch! Es gibt da ein Lied, das wir unterwegs singen können. Manche von euch kennen es; der Rest wird es schnell genug lernen. Und es wird hin und wieder eine neue Strophe hinzukommen, um euch bei Laune zu halten.«

»*Ach, ja?*« murmelte Günter Niemöller und stieß dem Mann hinter sich unsanft den Ellbogen in die Rippen. Der – er trug die Uniform eines Wehrmachtpanzerkommandanten – fuhr zusammen und nickte ein wenig verstört. Die Neuhinzugekommenen sahen zu Niemöller und seinem Gefährten, dessen Name Stefan Horek war; und ihnen entging das seltsame Flüstern der alten Mitglieder um den Anführer herum, Brunner. Das Raunen würde schnell genug ersterben.

»Dann also den Schlauch entlang und hinter mir bleiben! Die Strophen des guten alten Kipling zuerst!

Bei der alt' Moulmein Pagode sitzt
ein Mädel, das sich kränkt,
Burmamädel, das aufs Meer schaut,
*und ich weiß, an wen sie denkt ...«**

Und nicht zum erstenmal blickte mehr als einer von ihnen zurück, den Hals zusammengeschnürt, voller Zweifel, ob er oder sie wohl richtig gewählt haben mochte.

Aus dem Amerikanischen übersetzt von Michael Nagula

* Quelle siehe oben

Gene Wolfe

Der Gott und sein Mensch

Vor langer, langer Zeit, als das Universum alt war, kam auf die Welt Zed der großmächtige Gott Isid Iooo IoooE, dessen Name von anderen gelegentlich anders wiedergegeben wird und der in jedem Raum und in jeder Zeit die Aufgabe hat, das zu tun, was gut ist. Wie jeder Mensch weiß, benutzen solche Götter Schiffe, die nie kaputtgehen – wie sollten sie auch, da Götter nie schlafen und stets das Ruder führen? Er kam also, ich sagte es eben, auf die Welt Zed, aber er landete nicht und ging nicht vor Anker, denn es geziemt sich nicht (wie jene, welche die Götter schufen, vor langer Zeit festlegten), daß ein Gott seinen Fuß auf eine Welt setzt – und sei sie noch so blau, noch so lieblich.

Deshalb blieb Isid Iooo IoooE jenseits der Himmel, und sein Schiff, obschon schneller als der Wind, brachte es fertig – was nicht einmal den vielfarbig funkelnden Sternen gelingt –, reglos über jenem Eiland Zed zu schweben, das die Menschen von Zed (denn die Bewohner sind Menschen, jedenfalls fast Menschen) ›Land‹ nennen. Dann blickte der Gott herab auf Zed, und als er gewahrte, daß die Männer von Zed echte Männer und die Frauen von Zed echte Frauen waren, befahl er einen gewissen Menschen von Ert zu sich. Und den Befehlen von Isid Iooo IoooE vermag sich keiner zu entziehen.

»Mensch«, sprach alsdann der Gott, »steige nieder auf die Welt Zed. Denn siehe, die Männer von Zed sind dein Ebenbild, und ihre Frauen sind, wie Frauen sein sollen.« Darauf ließ er den Menschen durch sein göttliches Auge schauen, und der Mensch erblickte die Männer von Zed und sah, wie sie ihre Herden hüteten und ihre Felder pflügten und die kleinen Zed-Trommeln schlugen. Und er sah die Frauen von Zed, und viele waren schön anzuschauen, und sie lebten in Sorgen oder Müßiggang, rackerten oder langweilten sich, ganz wie die Frauen von Ert.

Er wandte sich an den Gott: »Wenn ich je meine Heimat und meine Frauen und meine Kinder wiedersehen will, muß ich tun, was du befiehlst. Aber wenn ich gehe, wie ich bin, werde ich nie zurückkehren. Denn die Bewohner von Zed sind Menschen –

das hast du selbst gesagt – und deshalb grausamer als jedes Tier.«

»Es ist eben diese Grausamkeit, der wir ein Ende bereiten müssen«, erklärte der Gott. »Und weil ich dazu deine Berichte brauche, will ich dir einige Geschenke machen.« Darauf gab er dem Menschen den Zaubermantel Tarnung, der ihn unsichtbar werden ließ, wenn er es wünschte, und er gab dem Menschen ferner das Zauberschwert Maser, dessen Klinge sich so lang ausstreckt, wie es der Besitzer will (obwohl es rein gar nichts wiegt), und gegen das selbst Stein machtlos ist.

Kaum hatte der Mensch Tarnung übergeworfen und Maser an sich genommen, da verschwand der Gott, und er entdeckte, daß er in einem Hain lag, unter Bäumen mit scharlachroten Blüten.

Die Zeit der Götter ist anders als die Zeit der Männer und Frauen. Wer kann sagen, wie lange der Mensch im Lande Zed umherging? Er durchwanderte das heiße Hochland, wo die Menschen kaum Gesetze, aber viele Sklaven haben.

Dort kämpfte er so lange, bis er alles über die Kampfweise der Leute aus dem heißen Hochland wußte und sich zu schämen begann, daß er jene Menschen mit Maser umbrachte; und er legte Maser beiseite und nahm selbst das Krummschwert jener Gegend. Dann scharte er hundert rauhe Kerle um sich, Banditen, Sklaven, die ihre Herren erschlagen und die Flucht ergriffen hatten, dazu Mörder aller Art. Und er rüstete sie aus mit den Waffen des heißen Hochlands und setzte sie auf die gelben Kamele, die hier daheim waren und oftmals mit einem einzigen Nackenstoß einen Menschen zerschmetterten, und er führte sie in viele Schlachten. Sein Gesicht war wie die Gesichter der anderen Männer und sein Schwert wie ihre Schwerter; er war nicht größer als sie und in den Schultern keine Spur breiter; dennoch verehrte ihn sein Haufe, weil er viele Listen kannte und manchmal einfach aus dem Lager verschwand.

Am Ende besaß er große Reichtümer und baute eine Zitadelle in der Trutzigkeit der Berge. Sie erhob sich auf einer Klippe und war umringt von mächtigen Wällen. Tausend Speere und tausend Zauber bewachten sie. Im Innern gab es weiße Kuppeln und weiße Türme, hundert Brunnen und Gärten, welche den Hang in Rosen erklommen und hinabsprangen wie Kinder mit dem Gelächter vieler Wasser. Dort ließ es sich der Mensch wohlergehen und tauschte mit seinen Hauptleuten Geschichten über die vielen Schlachten aus, die sie geschlagen hatten. Dort lauschte er den Schritten seiner Tänzerinnen, die wie sanfter Regen über den Boden patschten, und betrachtete ihre runden Glieder und lächelnden Gesichter.

Und endlich hatte er genug von diesen Dingen, hüllte sich in Tarnung und verschwand und ward nie mehr gesehen in der Zitadelle.

Dann durchwanderte er das Land der Nebelschwaden, wo die Bäume höher wachsen als Türme und die scheuen Bewohner aus den Schatten angreifen, mit vergifteten Pfeilen, die nicht länger sind als ein halber Arm. Dort trennte er sich lange Zeit überhaupt nicht von Tarnung, denn was vermag die beste Waffe gegen einen Pfeil, der von hinten in den Hals dringt? Das Gewicht des Schwertes, das er aus dem heißen Hochland mitgebracht hatte, drückte ihn hier nieder, und der Atem der Nebelschwaden ließ seine Klinge rosten. So warf er es eines Tages in einen trägen Fluß, wo die schwarzen Krokodile schwammen und bernsteinäugige Flußpferde sich gleich Holzprügeln treiben ließen, um dann unvermittelt loszubrüllen. Aber das Zauberschwert Maser behielt er.

Und im Land der Nebelschwaden lernte er jene Riesenbäume kennen, von denen jeder eine Insel mit eigener Bevölkerung darstellt; und er lernte die Tiere von Zed kennen, deren Schlauheit längst nicht an die der Menschen heranreicht, deren Weisheit jedoch um so größer ist. Dort zähmte er sich einen Panther mit Augen wie drei Smaragde, der ihm überallhin folgte wie ein Hund und für ihn Beute riß wie ein Habicht. Und sobald er an ein Dorf gelangte, in dem die Menschen des Nebel-Landes lebten, sprang er von einem hohen Ast auf den Kopf ihres Götzen und zerstörte die Hütte ihres Häuptlings mit dem Schwert Maser und verschwand spurlos. Und wenn er ein Jahr später in das gleiche Dorf zurückkehrte, war der alte Götze fort und ein neuer errichtet, mit einem Blitz in der Hand und einem Panther zu seinen Füßen.

Darauf betrat er das Dorf und segnete die Bewohner und

machte den Schoß des neuen Götzen zu seinem Thron. Er ritt einen Elefanten mit einem blutroten Stoßzahn und zwei Rüsseln; seine Kriegs-Kanus strichen auf hundert Beinen den Fluß hinauf und herunter; die Häute seiner Trommeln federten unter dem Wirbel gebleichter Häuptlingsknochen; man hielt seine Frauen der Sonne fern, damit ihre helle Schönheit ihn des Nachts zu seiner Hütte lockte und ihre taufrische Schönheit ihm selbst im Nebel-Land zu sanfter Ruhe verhalf; und man salbte und mästete sie, bis er auf ihnen lag wie auf seidenen Pfühlen. Und so läge er wohl für alle Zeiten, hätte ihm nicht in einem Traum der Nacht der Gott Isid Iooo IoooE befohlen, aufzubrechen und das Land der Kälte zu erforschen, um darüber Bericht zu erstatten.

Da durchwanderte er tausend morastige Straßen und küßte kalte Lippen in hundert verregneten Gärten. Die Bewohner im Land der Kälte halten keine Sklaven und kennen viele Gesetze, und ihr Gerechtigkeitssinn versetzt Fremde in Erstaunen; und so fand er das Brot des kalten Landes hart und knapp, und lange Zeit putzte er Schuhe, um es sich zu verdienen, und lange Zeit schaufelte er Entwässerungsgräben für die Felder.

Und Tag für Tag umkreiste das Schiff von Isid Iooo IoooE Zed, und wenn das ein paar hundertmal geschehen war, dann hatte Zed einmal seine eigene einsame Sonne umrundet und begann seine Bahn von neuem – und das wiederholte sich so oft, bis der Bart des Mannes weiß wurde, und die Listigkeit, die ihm bei seinen Kämpfen im heißen Hochland und dem Vertreiben der Götzen im Land der Nebelschwaden geholfen hatte, wich etwas Edlerem, aber weniger Nützlichem.

Eines Tages stieß er den Spaten bis ans Heft in das Erdreich und wandte ihm den Rücken zu. In einem Gebüsch holte er Maser hervor (er hatte das Schwert so lange nicht mehr gezogen, daß er seinen Zauber fast für einen Jugendtraum hielt) und schnitt damit einen kräftigen Schößling ab. Auf diesen Stab gestützt, wanderte er wieder die Straßen entlang, und wenn das Laub verwelkte – was in dem nassen, kalten Land nur ganz allmählich geschah –, schnitt er den nächsten und wieder einen, so daß er stets unter grünem Geäst lehrte.

Auf den Märkten sprach er von der Ehre und davon, daß sie höher einzuschätzen sei als jedes Gesetz.

Am Kreuzpunkt großer Straßen sprach er von Freiheit, der Freiheit des Windes und der Wolken, der Freiheit, die alle Dinge liebt und ohne Schuld ist.

Neben Stadttoren erzählte er Geschichten von den vergessenen Städten, die es gab, und von den vergessenen Städten, die es geben könnte, wenn nur die Menschen sie vergessen würden.

Oft suchte ihn das Volk der kalten Regionen aufgrund seiner Gesetze einzusperren, aber er verschwand einfach spurlos. Oft verspottete man ihn, aber er lächelte nur über den Spott, gegen den es kein Gesetz gab. Viele junge Leute aus dem Land der Kälte hörten ihm zu, und viele gaben vor, seine Lehren zu befolgen, und manche befolgten sie in der Tat und führten ein gar seltsames Leben.

Dann kam jene Nacht, in der die ersten Schneeflocken fielen; und in der nämlichen Nacht holte ihn der Gott Isid Iooo IoooE nach oben, wie ein Puppenspieler seine Marionette. Ein paar Freunde hatten sich auf einer Waldwiese um ihn geschart, und ihnen schien es, als würde sich mit einemmal ein dichtes, von farbigen Blitzen durchzogenes Schneegestöber erheben; dann war der Mensch verschwunden.

Ihm dagegen, der ein zweites Mal vor dem Gott Isid Iooo IoooE stand, schien es, als sei er aus einem langen Traum erwacht; seine Hände besaßen die Kraft von einst, sein Bart war dunkel, und seine Augen hatten ihr Leuchten, wenn auch nicht ihre List, wiedergewonnen.

»Nun sprich!« befahl ihm Isid Iooo IoooE. »Ich will alles erfahren, was du gesehen und getan hast.« Und als der Mensch seinen Bericht beendet hatte, fragte er: »Welches der drei Völker hat dich nun am meisten geliebt, und aus welchen Gründen hast du die drei Völker geliebt?«

Der Mensch überlegte eine Weile, und er zog Tarnung enger um die Schultern, denn ihm kam es kalt vor im Bauch des Schiffes von Isid Iooo IoooE. »Im heißen Hochland gibt es keine Gerechtigkeit«, begann er. »Dennoch lernte ich seine Bewohner lieben, denn sie sind ohne Falsch.

Sie bewirten ihre Freunde und berauben ihre Feinde, und da sie keinem trauen, hört man sie auch nie jammern, sie seien enttäuscht worden.

Die Leute im Land der Kälte sind gerecht, aber ich lernte auch sie lieben, obwohl es mich schwerer ankam.

Die Bewohner des Nebel-Landes kennen weder Gerechtigkeit noch Ungerechtigkeit. Sie folgen ihrem Herzen, und während ich bei ihnen weilte, tat ich das gleiche, und so liebte ich sie am meisten von allen.«

»Du mußt noch viel lernen, Mensch«, sagte der Gott Isid Iooo IoooE. »Mir steht das Volk aus dem Land der Kälte am nächsten. Begreifst du denn nicht, daß eines Tages das Nebel-Land, ja ganz Zed, einem der großen Völker zufallen wird?«

Der Mensch schaute durch die Augen des Gottes. Da starben im Land der Kälte gewisse gute Menschen, und von Blitzen war die Rede. Dann starben gewisse böse Menschen, und von Pest war die Rede. Träume verfolgten Frauen, und Phantasien erfaßten Kinder; Regen, Wind und Sonne boten nicht mehr das, was sie früher geboten hatten; und als die Kinder herangewachsen waren, begab sich das Volk aus dem Land der Kälte in das Nebel-Land, um dort seine Häuser zu errichten, und da man keine Sklaverei kannte, trieb man die Einwohner des Nebel-Landes hinter bestimmte Zäune und Wälle, wo sie im Sand kauerten, bis sie starben.

»Im heißen Hochland«, stellte der Mensch fest, »hätte das Volk des Nebel-Landes arg gelitten. Viele Sklaven schufteten unter meiner Knute, um die Zitadelle zu errichten. Dennoch sangen sie, wann immer sie konnten, oder stahlen mir Essensvorräte, wenn ihnen nicht nach Singen zumute war. Und manche von ihnen wurden fett dabei.«

Und der Gott Isid Iooo IoooE meinte: »Ein Mensch sollte lieber sterben als sich versklaven lassen.«

»Das hast jetzt du gesagt«, entgegnete der Mensch. Er zog Maser und erschlug den Gott. Isid Iooo IoooE ging in Rauch und blauen Flammen auf.

Wer weiß, ob auch der Mensch starb? Lange ist es her, seit man ihn zuletzt im Lande Zed sah, aber schließlich pflegte er stets zu verschwinden, wenn ihn die Stimmung überkam. Und die einsame, rosenüberwucherte Zitadelle in den Bergen – wer bewachte die? Und die kleinen Giftpfeile, die im Zwielicht treffen, wer schickt die aus? Und die Spuren auf regendurchweichten Straßen, die von einer vergessenen Stadt zur anderen führen – wem gehören die?

Aber es kann auch sein, daß all diese Dinge nun vorbei sind, denn sie liegen lange, lange Zeit zurück, als das Universum alt war und es noch mehr Götter gab.

Aus dem Amerikanischen übersetzt von Birgit Reß-Bohusch

KEVIN O'DONNELL, JR.

Was vermag ein Regentropfen?

(The Raindrop's Role)

21. April 2314

Als er einen Blick über das enge, stickige Klassenzimmer warf, seufzte der junge Terraner innerlich. Auf drei schmalen Bänken quetschten sich dreizehn Blaupelze und sechs Grünpelze aller Altersgruppen und Schichten zusammen: neunzehn Schüler der dritten Stufe! Sie saßen wie die Statuen, mißtrauisch und alles andere als bildungshungrig. Auch ein scharlachroter *Tayloi* war gekommen. Er ruhte in der Thronsänfte, die seine Diener hereingeschleppt hatten, und plauderte angeregt mit seinem Nachbarn. Der hochgewachsene, blonde Terraner war Luft für ihn.

Zwanzig Schüler! dachte Cooper ärgerlich. *Wie zum Teufel soll ich denen allen Englisch beibringen? Haben denn diese Nmentrorier keine Ahnung vom Sprachunterricht? Verdammter Mist! Zwanzig! Und wenn sie unsere Sprache nicht gut genug lernen, um Fragen zu stellen, dann ist meine Mission im Eimer. Und weshalb hat der Boß ausgerechnet mich hierhergeschickt?*

Er verdrängte die aufmüpfigen Gedanken tief in seinem Hinterkopf, sagte »Guten Morgen« und ging zu seinem Pult. Wenn er sich auf die splitternde Schreibfläche setzte, konnte er die schnurrbärtigen Gesichter sehen, ohne aufstehen zu müssen. Eine zu lässige Haltung vielleicht – die einheimischen Lehrer pflegten starr wie die Salzsäulen vor ihren Schülern zu stehen – aber er wollte ohnehin Barrieren abbauen. Außerdem ermüdeten die Beine nicht so schnell.

Er zwang sich zu einem Lächeln. »Ich heiße Henry Cooper und bin euer Lehrer.« Obwohl er langsam sprach und genau auf seine Aussprache achtete, schauten ihn ein halbes Dutzend seiner Zuhörer verständnislos an. Über die langen hölzernen Tresen gebeugt, die ihnen als Schreibunterlagen dienten, hielten sie die pfotenähnlichen Hände vor die Schnurrhaare, damit der Terraner nicht sah, wie sie ihre Nachbarn um eine Übersetzung baten. Cooper hörte das Gezischel und zog die Stirn kraus. »Sie«, sagte er und deutete auf einen grünpelzigen *Naytakloi* in der letzten Reihe. »Wie heißen Sie?«

Dem 'trorier traten die ebenholzschwarzen Augen vor Entsetzen fast aus dem Kopf. In einer Reflexgeste schnellten die vier Krallen seiner rechten Hand vor und zurück und kratzten über das Holz des Tresen. Er glotzte Cooper an, allem Anschein nach gelähmt, und drehte dann den Kopf hilfesuchend nach links und rechts. Der ältere *Tayloi* in aristokratischem Rot erlöste ihn, indem er laut lachte und einen Satz in seiner Muttersprache dröhnte. Der *Naytakloi* ließ die spitzen Ohren hängen. »Hrimgin, Ssef!«

»Hrimgin, aha.« Cooper schaute ihn noch einmal scharf an und wandte dann seine Aufmerksamkeit dem Tayloi zu. Ein kleines Gewitter gleich zu Beginn reinigte vielleicht die Atmosphäre. »Und wie heißen Sie, hm?« fragte er, wobei er ganz bewußt die Worte zusammenzog.

Der Rote verstand keinen Ton.

Cooper wiederholte die Frage so langsam, daß sie jeder begriff. Die anderen prusteten los; die glitzernden Augen des *Taylois* verengten sich.

»Emtano«, verkündete er. *»Khairn lo Tayloi.«* Seine Worte brachten gleich Peitschenhieben das Gekicher der anderen zum Verstummen.

»Wir sprechen in diesem Raum kein Wort Nmentrorisch«, erklärte Cooper mit einer Strenge, die nicht gespielt war. »Bitte, wiederholen Sie das Ganze in Englisch!«

»Wiederholen?«

»Sagen Sie es noch einmal!« Der Schweiß des anderen roch nach angebrannter Sojasoße. Er zwang sich, nicht die Nase zu rümpfen.

»Khairn lo Tayloi?«

»Ja. Sagen Sie das bitte in Englisch!«

Emtano dachte eine Weile nach und erwiderte dann: »Herrscher von Khairn.«

»Danke.« Er verneigte sich leicht, ehe er fortfuhr: »Weshalb sind Sie hier?«

Emtanos Katzengesicht verzog sich zu einer erstaunten Grimasse. »Will Englisch lernen, was sonst?«

»Und warum wollen Sie Englisch lernen?«

»Bin Herrscher von Khairn«, entgegnete er, als beantworte das alle Fragen.

»Ja – und?«

Der Mund mit den nadelspitzen Fängen öffnete sich zu einem Gähnen und klappte wieder zu.

Nach einer kleinen Wartezeit erkannte Cooper, daß die Frage keinen Sinn für Emtano ergeben hatte, und er suchte einen neuen Weg der Verständigung. »Äh – müssen Sie Englisch sprechen?«

»Ja.«

»Warum?«

»Bin Herrscher von Khairn.« Ungeduld verlieh seiner Stimme eine gewisse Entrüstung.

Cooper strich sich über das lange Kinn. »Sprechen Sie mit vielen Terranern?« versuchte er es noch einmal.

»Ja.« Zufrieden rutschte Emtano in die Tiefe seiner Kissen zurück.

»Warum?«

Unvermittelt stellte der *Tayloi* seine Rückenhaare auf. »Ich sagen doch, bin Herrscher von Khairn!« Diesmal hieb er mit der Faust gegen das Lacktablett, das quer über den Armlehnen der Sänfte lag; Schreibgeräte hüpften mit Geklirr hoch und rollten zu Boden. Er gab seinem Diener einen Wink, sie aufzuheben.

»Hmm.« Cooper ließ nicht locker. Er wollte eine vollständige Antwort. »Worüber sprechen Sie?«

»Geschäfte«, sagte Emtano, der sich nicht mehr zu entspannen wagte.

»Welche Art von Geschäften?«

»Handel, andere Sachen.«

Cooper wagte noch einen Vorstoß. »Ist das die Pflicht des Herrschers von Khairn?«

»Ja.«

»Warum?«

Emtano schloß frustriert die Augen. »Sein Pflicht von alle Herrscher.«

Cooper wollte schon wieder nach dem Grund fragen, aber er beherrschte sich. Er konnte nicht alles an einem Tag umkrempeln. Und wenn der mächtige Aristokrat eine Abneigung gegen ihn entwickelte, kam er sicher nicht so voran, wie er wollte. »Wir sprechen ein anderes Mal darüber. Hrimgin – weshalb sind *Sie* hier?« Während er von der Schreibtischkante rutschte und sich einen Schiefer aus dem Handballen zog, tat er so, als bemerkte er Emtanos Erleichterung nicht.

24. Oktober 2314

Er lag auf dem dichten grauen Teppich, der sein Bett war. Neben dem Fenster brannte Räucherwerk in einem Kohlebecken, weniger weil er den beißenden Geruch mochte, sondern weil ihm der Gestank aus der Gosse drunten den Magen umdrehte. Selbst wenn er das altersverzogene Fenster mit Gewalt zudrückte, bahnte sich das Zeug irgendwie seinen Weg an dem welligen Glas vorbei ins Zimmer. So blakte das Räucherwerk Tag und Nacht, und Cooper hieß bei den Einheimischen der verrückte Terraner.

Offenbar eine weitverbreitete Ansicht. Seine Buden-Kollegen an der Universität wären vor Schreck fast an ihrem Bier erstickt, als er ihnen mitteilte, daß er zum Militär und nach Nmentror gehen wolle. Seine Mutter hatte tagelang geflennt. Und sein Vater, dem so leicht das Blut in die Wangen schoß ... »Wahnsinn!« hatte er getobt. »Heller Wahnsinn! Gibt eine politische Karriere auf, um irgendwo Lichtjahre entfernt auf so einem Scheißplaneten in einer Lehmhütte zu leben! Du hast sie nicht alle, mein Junge!«

Aber er war hart geblieben. Idealismus und eine angeborene Sturheit hatten ihn Zornausbrüche und Spott ertragen lassen. Obwohl er langsam, ja schwerfällig wie ein Gletscher war, wenn er sich eine Entscheidung abrang, konnte man ihn kaum wieder davon abbringen, sobald erst einmal alles in Fluß kam.

Absätze klapperten im Korridor. Er rollte herum, sprang auf und warf einen Blick in den halbblinden Spiegel, um sein verstrubbeltes Haar zu glätten. Das mußte Jenny Wiznowski sein, Handels-Attaché der terranischen Botschaft, der er in einem Andenkenladen nahe den Raumhafen begegnet war. Sie hatten sich seitdem ein paarmal getroffen – meist im Theater auf dem Botschaftsgelände – und er mochte sie. Er hatte sie hierher eingeladen, damit sie die Wesen kennen und schätzen lernte, denen er seine Zeit widmete.

Die papierdünne Tür knisterte, als sie anklopfte. Er zwang sich zu einem »Moment, bitte!«, holte dreimal tief Luft – *zeig ja nicht, daß du ganz krank danach bist, ein freundliches terranisches Gesicht zu sehen!* – ehe er den Riegel zurückschob und ein Lächeln aufsetzte.

»Ich dachte schon, ich müßte eine Suchanzeige aufgeben!« rief sie und wirbelte herein wie ein Frühlingssturm. »Komme ich viel zu spät? Freut mich, dich zu sehen, Henry.« Sie war eine hochgewachsene Frau mit kräftigem Knochenbau und einem breiten Gesicht, aber gut proportioniert und sportlich genug, daß ihre Größe elegant wirkte. Sie umarmte ihn kurz und trat dann zurück. Gedanken an Wärme und Weiche durchfluteten ihn. Ihr Parfum kitzelte in der Nase und brachte sein Herz in Aufruhr. »Was für eine Gegend! Mein Gott, ich dachte, Rio sei schon schlimm, aber das da –« Sie deutete zum Fenster. »Schulter an Schulter mit Horden von Ein –...« Sie verschluckte die *Eingeborenen*... »von Nmentroriern. Ich kam kaum durch mit dem Wagen.« Sie stand in der Mitte des Zimmers und drehte sich langsam im Kreis, um es zu begutachten. »Wie bist du nur auf die Idee gekommen, dich in einer solchen Klitsche einzumieten, Henry?«

»Meine Finanzen!« lachte er und machte sich daran, die Tür zu schließen. »Das Militär zahlt nicht besonders –«

Ein Junges aus der Nachbarschaft kam durch den Spalt geschossen.

»He, laß das!«

Die Kleine achtete nicht auf seinen Einspruch, sondern kletterte an Jenny hoch. Ohne Scheu fuhr sie mit halb eingezogenen Krallen fasziniert über ihre Waden und plapperte: »Du bist ja ganz glatt, wo er Wolle hat.«

»Was hat das Ding gesagt?« erkundigte sich Jenny.

Die Kleine zupfte am Kleidersaum der Terranerin und roch das Gewebe. »Und du trägst Stoff wie er, aber nicht den gleichen und –«

»Was?« wiederholte Jenny. »Henry, wie heißt die Mieze, und was sagt sie?«

Er beschloß, die Worte lieber nicht zu übersetzen. »Sie hat keinen Namen.«

»Ach, das arme Ding!« Sie bückte sich, hob das Kleine auf und drückte es an sich. »Ein Waisenkind? Von den Eltern verlassen?«

»Nein, es ist nur so –«

Das Fellknäuel strampelte sich frei, raste quer durch das Zimmer und rief: »Da draußen ist noch eines! Komm und guck zu!«

»– daß sie ihren Kindern erst Namen geben, wenn die Ausbildung beginnt.« Und er hoffte, sie würde nicht nach dem Grund fragen.

»Sonderbar. Warum –?«

Ein schrilles Kreischen unterbrach sie. Als dieser Laut mit einem drohenden Fauchen beantwortet wurde, eilte Jenny zur Tür und starrte in den düsteren, stinkenden Korridor. »Was machen die da?« keuchte sie.

Verdammt! Er hätte gern verhindert, daß sie dies hier mitansah, zumindest so lange, bis sie sich mit einigen seiner Nachbarn angefreundet hatte. Die Angehörigen der Botschaft erfuhren nichts über die Kindererziehung der 'trorier – man rechnete nicht damit, daß sie sich unters Volk mischten. Jenny hatte also sicher keine Ahnung. »Bitte, komm wieder herein!«

»Nein, ich möchte zuschauen.«

Zwei sechs- oder siebenjährige Junge lauerten geduckt, jedes an einem Ende des schmalen Korridors. Sie beschimpften einander und schlugen mit den Klauen wild in die Luft. Plötzlich entblößte das Kleine, das Jenny beschnüffelt hatte, die milchweißen Fänge und griff an.

»Henry, sie –«

»Schsch!«

Der Feind wartete, bis die Angreiferin in die Luft geschnellt war, dann täuschte er einen Sprung nach rechts vor und warf sich blitzschnell nach links. Er prallte von der Wand ab wie eine Kanonenkugel und warf sich auf den Rücken der Gegnerin. Die Fänge verbissen sich in ihrem Hals, die Krallen rissen ihr den Leib auf. Mit Gejaule sprang die verletzte Kleine hoch und wirbelte herum. Man sah nur noch zwei fauchende, blutverschmierte Knäuel aus blauem Fell. Fänge knackten. Klauen ratschten.

»Bring sie zur Vernunft, Henry! Sie verletzen sich doch!«

Er schüttelte den Kopf.

»Also, wenn du nichts unternimmst –« Sie trat einen Schritt auf die Kämpfenden zu.

Er faßte sie von hinten und hielt ihre Ellbogen fest wie in einem Schraubstock. »Nicht!« flüsterte er ihr ins Ohr, in das warme, parfümierte Ohr. »Sie müssen das tun – nur so klappt das System.«

»Laß mich los – die bringen sich gegenseitig um!«

»Genau.« Ein klägliches Maunzen drang an sein Ohr. *Verdammt!* Während sich der Sieger zurückzog, lag die Kleine, die an Jenny herumgeschnüffelt hatte, zuckend auf dem Boden. Und starb. »Es ist vorbei. Komm endlich ins Zimmer zurück!«

Sie ließ sich in Coopers Bude zerren. Ihr Gesicht war schlaff, in ihren Augen stand der Schock. »Niemand ist ihnen zu Hilfe gekommen.«

»Das tun sie nie, nicht einmal die Mütter.« Und diese Gleichgültigkeit... er begriff zwar theoretisch, was sie eben miterlebt hatten, aber um nichts in der Welt brachte er Verständnis dafür auf, daß eine Mutter, selbst wenn sie mehrmals Vierlinge zur Welt brachte, ruhig bleiben konnte, wenn drei Viertel ihrer Kinderschar von den stärksten Geschwistern umgebracht wurden. »Es ist eben ihre Lebensweise. Seit meinem Einzug hat sich das da mindestens ein Dutzend Male ereignet.«

»Aber warum?« schluchzte sie. Er ging zur Tür und schloß sie. Ihre Augen hingen an ihm, aber nicht, weil sie Beistand suchte. Furcht stand in ihnen und Wachsamkeit.

»Nenn es – hm – eine kulturell sanktionierte natürliche Auslese. Überleben der Tüchtigsten. Die Nmentrorier verachten jede Schwäche – das weißt du. Auf diese Weise –« Er nickte zur verriegelten Tür hin – »wird dafür gesorgt, daß sich nur die kräftigsten Gene weitervererben.« Unwillkürlich schauderte er. »Es erscheint unmenschlich, aber sie sind keine Menschen. Und überleg mal – noch vor tausend Jahren mußten terranische Mütter die Hälfte ihrer Kinder begraben, wenn nicht mehr. Es ist –« Er suchte nach dem richtigen Wort. »Es ist einkalkuliert.«

»Ich will heim.«

»Bitte.« Er nickte traurig. »Ich bringe dich zu deinem Wagen.«

An der Treppe blieb sie stehen. »Solltest du sie nicht begraben?«

»Das besorgt ihre Familie«, log er. Er brachte es nicht übers

Herz, Jenny zu gestehen, daß die Kleine so lange in ihrer Blutlache auf dem Boden liegen würde, bis der Gestank jemandem auf die Nerven ging und er den Kadaver durch ein Fenster hinaus in die Gosse schmiß. Es war Gewohnheit, und Gewohnheiten ließen sich wie ein tief eingegrabener Flußlauf nur in winzigen Schritten ändern. »Komm«, sagte er. »Das hier ist nichts für dich.«

4. Dezember 2314

»Minaro, erklären Sie mir, weshalb ein Terraner ausgerechnet in Ihrem Hotel und nicht anderswo absteigen soll!« Er deutete auf den sich windenden Hotel-Manager und wartete.

Minaro, blau wie jeder *Taksoloi*, wirkte in die Enge getrieben. Noch vor drei Monaten, bei einem anderen Lehrer, hätte er die Frage glatt und gewandt beantwortet. Heute schien er nicht recht zu wissen, was er sagen sollte. Cooper weigerte sich in der sechsten Stufe, Allerwelts-Antworten entgegenzunehmen. »Nun«, sagte er endlich, weil ihm nichts Besseres einfiel, »alle Terraner steigen bei mir ab.«

»Außer mir.« Er lehnte an der Tafel und lächelte. Seine Schüler gerieten immer in Panik, wenn er sie zwang, neue Denkwege einzuschlagen. Vielleicht spürten sie den zersetzenden Einfluß der Veränderung auf die Tradition. In dieser Klasse jedoch hatten sie keine Wahl. Sie waren Sand, und er war der Wind.

»Warum Sie nicht?« fragte Minaro kläglich.

»Das Hotel war zu teuer.«

»Wo Sie sind abgestiegen?«

»Wo sind Sie abgestiegen?« verbesserte er geistesabwesend. »Ich ging ins *lo Ke*. Das kostet nur *lud g'na* pro Nacht.«

»Aber das ist schäbiges Hotel, nur für *Naytakloi*«, entrüstete sich Minaro.

»Na und?« Er unterdrückte den Wunsch, seinen fleißigsten Schüler zwischen den Ohren zu kraulen.

»Terraner sind gleiche Stufe wie *Tayloi*, müssen in *Tayloi*-Hotel wohnen.«

»In der Tat?« Er wandte sich an den einzigen *Tayloi* der Gruppe, jenen Aristokraten, den er vor acht Monaten kennengelernt und vier Kurse lang mit seinen Fragen erschreckt hatte. »Sind Sie der gleichen Meinung, Emtano?«

Der Herrscher von Khairn schob unglücklich die flammendroten Schultern hoch. »Terraner«, sagte er langsam, »sollten gleichwertig sein.«

»Warum?« hakte Cooper blitzschnell ein. Er hielt den Atem an; die Antwort würde zeigen, welche Fortschritte seine Mission machte.

»Gebräuche, Traditionen und Verträge stellen *Tayloi* auf gleiche Stufe wie Terraner. Aber Sie –« Er zeigte mit seiner spitzen Kralle auf Cooper – »sind nicht gleich. Deshalb ich weiß nicht.«

»Was glauben Sie denn?«

»Zuerst ich frage: Kann Terraner auf Terra Land kaufen?«

»Wenn er Geld hat.«

»Jeder Terraner?«

»Ja.«

»Dann sind Terraner und *Tayloi* gleich, weil nur *Tayloi* Land kaufen können.«

»Aber wir besitzen keine *Naytakloi*«, widersprach Cooper, »und alle *Tayloi* besitzen *Naytakloi*. Was sagen Sie dazu?« *Frag mich, warum wir keine besitzen! Na los, frag schon!*

»Gar nichts«, knurrte Emtano verdrossen und ließ sich in seine Sänfte plumpsen. »Zu verschieden.«

18. Januar 2315

Der Teppich lag weich unter Coopers breitem Rücken; herber Rauch stieg ihm in die Nase. Seine Blicke krochen die schmutzige Decke entlang und verfolgten durch das Netzwerk von Rissen einen Pfad von einer Wand zur anderen. Er spielte dieses Spiel jeden Abend nach dem Essen. Es lenkte seine Aufmerksamkeit auf das Jetzt, das Triviale und hielt ihn davon ab, über das Vergangene und das Wichtige nachzudenken. Im allgemeinen schlief er nach etwa einer Stunde ein, betäubt von der Mühe des Zeittotschlagens.

An diesem Abend verstieß er gegen die Regeln und rollte sich auf den Bauch. Er mochte nicht mehr; die Decke war ihm zu vertraut; er kannte die Risse von einer Wand zur anderen auswendig.

Schlechtgelaunt zupfte er die Staubflocken aus seinem Teppich und gab sich dem Selbstmitleid hin, suhlte sich darin – so tief, daß er weder die Schritte noch das Klopfen hörte. Auch auf das Quietschen der Tür achtete er nicht.

»Henry?« rief eine warme, aber vorsichtige Stimme.

Die Zugluft wehte einen Hauch von Parfum zu ihm herüber. Er schnellte hoch und rieb sich die Augen. »Jenny! Nur herein, bitte, nur herein!« Henry flatterte umher wie jeder unvorbereitete Gastgeber. »Tut mir leid, ich hatte nicht damit gerechnet, daß – eine furchtbare Unordnung – ich...«

Sie lachte. »Laß nur!« Sie kauerte sich im Schneidersitz auf den Teppich. »Hör zu, ich habe für dich eine Wohnung auf dem Botschaftsgelände entdeckt. Du kannst gleich einziehen – morgen, wenn du willst.«

Er zuckte zusammen und hoffte, daß sie es nicht bemerkte. »Jenny, das ist mir zu teuer –«

»Ich weiß. Du wirst die Wohnung mit zwei anderen Jungs teilen und zahlst nur ein Drittel der Miete.« Ehe sein Einwand kam, setzte sie hinzu: »Es ist wirklich schön da, und die Umgebung – du kennst das Botschaftsgelände. Rasenflächen, Ulmen und Geranien... Du wirst dein Heimweh etwas vergessen. Und außerdem –« Sie achtete nicht auf seine verzweifelten Versuche, ihren Redefluß zu stoppen. »Außerdem *mußt* du einfach hier raus. Du wirst allmählich eine Berühmtheit – aber eine traurige Berühmtheit. Der einzige Terraner, der nicht in der Enklave lebt. Die Leute fangen an zu reden. Stört dich das nicht?« Sie beobachtete sein Mienenspiel. »Bist du denn nicht einsam hier draußen?«

»Hm...« Er zuckte gleichgültig mit den Schultern, aber der Schein trog. Und ob er sich einsam fühlte! Die Briefe und Kassetten von daheim und von seinen in der ganzen Galaxis verstreuten Freunden reichten nicht aus. Es las oder spielte sie Dutzende von Malen, bis sie so abgegriffen und zerscheuert waren, daß er sie nicht mehr anzufassen wagte, aber das half alles nichts. Er brauchte – das wußte er – und er wußte, daß Jenny es wußte – einen Menschen, mit dem er reden konnte. Dennoch versuchte er auszuweichen. »Ich habe viele Freunde unter den 'troriern.«

»Deine Saufkumpane?«

»Hmm.«

»Sag bloß, daß *die* dich verstehen!«

»Hmm...«

»Oder daß du *echte* Freunde unter den Einheimischen hast!«

Sie war natürlich im Recht. Eine Freundschaft, eine richtige Freundschaft, bestand aus mehr, als sich mit jemand an der Theke vollaufen zu lassen. Sie setzte voraus, daß man die Gedanken des anderen verstand, und das war schwer, wenn es sich um verschiedene Rassen oder Kulturen handelte. Völlig unmöglich aber wurde es, wenn Rasse *und* Kultur verschieden waren – und Cooper, der zwar fließend die Landessprache beherrschte und seit neun Monaten auf dem Planeten lebte, fing gerade erst an, sich einzugewöhnen. Er hatte Bekannte, Kollegen, Kneipenkameraden – sogar ab und zu welche, die ihm ihr Herz ausschütteten – aber er hatte keinen Freund. »Das nicht«, gab er zu. »Aber –«

»Schsch!« Sie schlängelte sich zu ihm herüber. Sie drückte seine Schulter zurück, bis er auf dem Teppich lag, und deckte ihn mit ihrer Wärme und Weiche zu. »Schsch!« flüsterte sie. »Spar dir deine Reden für später!«

Aber später, noch ehe das Feuer ganz verloschen war, mußte sie wissen: »Warum bist du nun *wirklich* hier?«

»Ich habe den Auftrag, Englischunterricht zu erteilen.« *Und noch mehr,* dachte er, aber er sagte nichts, denn es gab gewisse Grenzen und Vorschriften, die auch den engsten Partner betrafen.

»Was nützt du den Leuten damit?«

»Ich bringe sie mit unserer Kultur –«

»Ich habe nach dem Nutzen, nicht nach dem Schaden gefragt.«

»Also gut, sie lernen bei mir Englisch. Sie werden es später brauchen, wenn sie einmal dem System angehören.«

»Warum hast du angenommen?«

»Den Job?« Auf ihr Nicken seufzte er. Er bekam die Wahrheit selbst nicht so recht zu fassen; es war ein Gefühl, für das es keine passenden Worte gab. »Das Geld –«

»Nun hör aber auf, Henry!«

»Und weil ich Vertrauen in den Nachrichtendienst habe.«

»Das war ein Fehler.«

»Ja?«

»Sieh dir doch dieses Rattenloch an!« Sie deutete angeekelt auf das Zimmer.

»Sicher, auch ich muß kleine Opfer bringen, aber –«

Sie gab einen verächtlichen Laut von sich.

»Warum quälst du mich so?« fragte er.

Ihre Züge wurden weicher, und sie setzte sich auf. Die runden Arme um die Knie geschlungen, starrte sie durch das verdreckte Fenster auf den Sonnenuntergang. Ein einzelner Strahl fing sich in den Schweißperlen auf ihrer Brust. »Ich weiß nicht, Henry. Ich werde das Gefühl nicht los ... daß *du* das Ganze für eine Zeitverschwendung hältst, daß *du* glaubst, nichts zu erreichen ... Vielleicht mag ich dich und spüre deshalb deine innere Zerrissenheit ... und, na ja, ich versuche dir beim Ordnen deiner Gedanken zu helfen.«

»Danke, Jenny.« Er zog sie zu sich herunter und küßte sie. »Aber ich weiß, was meine Aufgabe ist – und wenn ich kein Ergebnis sehe ... dann vielleicht deshalb, weil ich wie der Regentropfen bin, der nicht zu erkennen vermag, welche Bedeutung er in einem Wolkenbruch spielt.«

»Bitte nicht diesen Scheiß!«

»Wie du meinst.«

»Henry – jeder weiß, daß der Nachrichtendienst an einem Totpunkt angelangt ist. Warum hast du dafür alles aufgegeben – deine Familie, deine Freunde, ja sogar die Zukunft?«

»Wie gefällt dir das? Ich identifiziere mich mit seinen Zielen und fühle mich verpflichtet, einen Beitrag zu ihrer Verwirklichung zu leisten?«

»Ich hab' dir doch gesagt – keinen Scheiß!«

»Gut. Dann hab' ich eben einen weichen Keks im Hirn. Zufrieden?«

»Ja«, lachte sie und sah zu, wie das letzte Tageslicht verschwand. »Ja.« Sie streckte sich auf dem Teppich dicht neben ihm aus und legte ihm den Arm um die nackte Brust. »Gute Nacht.«

»Gute Nacht.« Und er schlief besser in dem Wissen, daß er sich nicht in den albernen Glaskäfig des Botschaftsgeländes hatte lokken lassen.

Der *Taksoloi*-Barkeeper strahlte den Terraner an, der oft auf einen Drink hereinschaute. »Ich habe heute eine neue Lieferung gekriegt – eigens für Sie, Henry«, sagte er, als Cooper näherkam. »Wie geht es immer?«

»Noch sind meine Klauen scharf«, lächelte er und rutschte auf den Hocker, der für Katzenschenkel gebaut war. Die Schwanzkerbe machte das Ding irgendwie wackelig.

Motali brachte das Bier; nachdem er die Flasche geöffnet und vor seinen einzigen Fremdweltler-Gast gestellt hatte, sagte er: »Ihr Akzent wird immer besser –«

»Muß er auch«, unterbrach ihn Cooper. »Ich bin inzwischen fast ein Jahr hier.«

»– aber Sie sollten keine Redewendungen benutzen, die nicht zu Ihnen passen. Es klingt komisch, wenn Sie von Krallen sprechen.« Seine eigenen elfenbeinweißen Krallen schnellten zehn Zentimeter vor und kämmten die Schnurrhaare zur Seite. »Warum sagen Sie nicht: ›Meine Augen glänzen noch‹ oder: ›Meine Ohren hören nachts das Ungeziefer rascheln‹?« Er wischte beiläufig über einen Wasserflecken und wartete auf Coopers Antwort.

»Klingt gut«, meinte der Terraner achselzuckend und wischte sich den Schaum von der Oberlippe. »Üben Sie ein wenig mit mir?«

»Gern, wenn ich die anderen Gäste bedient habe. Bis gleich.«

Während der Barkeeper auf eine Gruppe von Neuankömmlingen zuging, begrüßte Cooper die *Naytakloi*, die er kannte. Die meisten waren ihm vertraut – und hatten sich an seinen Anblick gewöhnt. Bis auf einen grünpelzigen Fremden, der ihn verdutzt angaffte und sich dann durch die Menge auf ihn zudrängte. Zwei Stammkunden hielten ihn auf; Cooper hörte ein scharfes Knurren: »Setz dich hin und laß ihn in Ruhe! Der kommt nicht her, daß du ihn mit deinen Dreckpfoten angrapschst! Wenn dir was nicht paßt, kannst du ja gehen.« Der Fremde setzte sich brav, starrte aber immer noch zu ihm herüber.

Cooper hob sein Glas und nickte ihm sowie den beiden freiwilligen Leibwächtern zu. Er hätte den 'trorier vielleicht auf ein Bier einladen sollen – gegossene Wurzeln trocknen nicht gleich aus –

aber auch die Sonne verschwindet mal hinter Wolken. Er wandte sich wieder an Motali. »Stimmt es, daß Ihr Junge nächste Woche an der Prüfung teilnimmt?«

»Ja.« Der feiste Barkeeper strahlte. »Und ich sage Ihnen, der schafft es – hat eine faire Chance als Klassenbester. Und war auf der berühmtesten Privatschule des ganzen Distrikts!« Er griff unter die Theke und schwenkte einen Stoß Glanzbilder. »Hier«, sagte er und schob sie Cooper hin, »die haben wir bei der Abschlußfeier aufgenommen. Sieht er nicht gut aus?«

Der Junge mit dem blauen Fell stand stolz und hochaufgerichtet da. Auf dem ersten Bild umarmte er seine Mutter, auf dem zweiten schlang er seinen Schwanz eng um den seines Vaters, und auf einem dritten hatten ihn die Eltern in ihre Mitte genommen. Und immer umklammerte er mit der Rechten einen hölzernen Stab – sein Zeugnis, schätzte Cooper.

»Ein Prachtkerl!«

Motali schob die Fotos in einen Umschlag und deponierte ihn im Flaschenregal. »Kein Wunder. Sein Vater war immerhin der Herrscher von Khairn. Er hatte Mileta auserwählt.«

»Ich glaube, er ist einer meiner Schüler.«

»Emtano, der Herrscher von Khairn?«

»Ja, genau. Er besitzt eine rasche Auffassungsgabe.«

»Klar – sonst hätte man ihn nicht zum Herrscher gewählt. Ein netter Kerl, für einen von der Oberschicht, meine ich – hat Mileta gut behandelt. Ah –« setzte er ohne Mißgunst hinzu, »ein schönes Mädchen war sie damals! Ich hatte verdammt Glück, daß ich sie erwischte. Zwanzig Kerle oder noch mehr stellten die Ohren hoch, wenn sie vorbeikam. Aber der Herrscher hatte mich frisch in seine Dienste genommen, und er gab ihr wohl 'n Tip – jedenfalls zog sie von seinem Palast geradewegs zu mir.«

»Hören Sie«, warf Cooper ein wenig verlegen ein, »ich hätte da ein paar Fragen – möchte Ihnen aber nicht zu nahe treten...«

»Nur zu!« forderte Motali ihn mit einer großmütigen Geste auf. »Fragen Sie!«

»Erstens – auf wie viele Frauen hat ein Herrscher Anspruch?«

»Auf fünf – eine nach der anderen. Und ich sage Ihnen, Henry, wenn mein Junge gewinnt, dann gehören die fünf schönsten Mädchen der Stadt ihm!«

»Und wie viele stehen dem König zu?«

Der Barkeeper schaute ihn erstaunt an. »Der König – was täte der mit Frauen?«

Cooper begriff die Antwort nicht, aber er mochte nicht nachhaken. »Dann ist da noch etwas, das ich nie verstanden habe: Wodurch färbt sich das Fell eines Herrschers scharlachrot?«

»Für einen Lehrer wissen Sie aber verdammt wenig!« Motali lächelte, um seinen Worten den Stachel zu nehmen.

Der Terraner verteidigte sich dennoch. »He, ich bin Englischlehrer und erst seit einem knappen Jahr hier. Alles kann ich nicht wissen – dafür braucht man mehr Zeit.«

»Sie haben recht. Ich vergesse das immer wieder. Also, wenn ein Herrscher seine fünf Frauen hatte, kastriert ihn der Hof-Chirurg –«

»Kastriert?« wiederholte Cooper entsetzt.

»Sicher, was denn sonst? Kastriert ihn, und der veränderte Hormonhaushalt führt dann zum Farbwechsel.«

»Aber – aber...«, stammelte er. »Weshalb kastriert man ihn?«

»Wenn man es nicht täte, könnte er nie in die Hof-Schicht aufsteigen.«

Cooper klappte den Mund zu und verdaute das eine Weile. »Ich verstehe«, sagte er schließlich. »Zumindest glaube ich zu verstehen. Das nächste Problem: Zu Beginn sind alle Jungen blau, stimmt's?«

»Stimmt.«

»Warum läuft dann später ein Teil von ihnen mit grünem Fell herum?«

»O, das geschieht beim ersten Test – wußten Sie das nicht?«

»Das letzte Mal, als man ihn abhielt, war ich eben erst angekommen und konnte die Vorgänge nicht so recht deuten. Was geschieht bei diesen Tests genau?«

»Also, das ist ganz einfach. Man nimmt alle Jungen zwischen acht und neun, die gerade einen Namen bekommen haben. Damit kennen Sie sich aus, ja?«

Cooper dachte an den blutverspritzten Korridor und nickte.

»Gut. Man sperrt sie jeweils zu hundert in einen großen Saal.«

»M-hm.« Später, in seinem Report, mußte er von Basis Acht auf

Basis Zehn umrechnen, aber für sein eigenes Verständnis war das nicht nötig.

»Dann erklärt man ihnen, daß sie nichts, aber auch rein gar nichts essen dürfen, was sich in dem Raum befindet. Man wartet einen Tag und läßt dann sechzig verseuchte Ratten los.«

»Und erprobt damit die Standhaftigkeit der Jungen?«

»Genau. Allmählich blicken Sie durch. Jedenfalls sind die Kleinen zu diesem Zeitpunkt schon ganz schön hungrig und müssen eine Menge Selbstbeherrschung aufbringen, um die Ratten nicht zu verschlingen. Wer das nicht schafft und schwach wird, kriegt die Seuche selbst. Sie verläuft nicht tödlich, zerstört aber einen Teil des Gehirns und färbt das Fell grün. Die Prüfer lassen keinen aus dem Saal, ehe alle Ratten gegessen sind – und deshalb nennen wir die Grünen *Naytakloi*, die sechzig Prozent.«

»Keiner ißt zwei?«

»Es sind kleine Kinder, Henry – und große Ratten. Bis so ein Kerlchen wieder Hunger kriegt, sind entweder alle Ratten verspeist, oder die Krankheit hat bereits eingesetzt.«

»M-hm.« Cooper nickte nachdenklich. »Das erklärt eine ganze Menge. Danach beginnen zwanzig von den hundert eine *Tayloi*-Ausbildung?«

»Und fünfzehn müssen sich als *Taksoloi* bescheiden. Die sechzig Prozent, die fünfzehn Prozent und die drei Prozent.« Er versuchte die Zahlen in seinem Gedächtnis zu verankern. »Das erscheint mir«, begann er behutsam, denn er rüttelte an den Fundamenten von Motalis Zufriedenheit und wollte den Freund nicht verlieren. »Das erscheint mir ein recht hartes System. Warum benutzt ihr es?«

»Warum?« wiederholte der Barkeeper verwirrt. »Weil ...« Sein Schwanz begann heftig zu peitschen. »Henry, Sie fragen mich immer warum, warum, warum. Ich kann nur das antworten, was ich immer antworte: Es *ist* unser System. Es geht zurück bis zu den Wurzeln unserer Geschichte. Ich meine – es ist *Das Gesetz.*«

Jenny öffnete die Tür, aber äußerst unwillig, als habe jemand eine Einkommenserklärung von ihr verlangt. »Ja, bitte?« fragte sie, und das klang nach Abfuhr.

»Hallo, ich –« Ihre eisige Miene ließ die Worte auf seinen Lippen gefrieren; er geriet ins Stottern und sagte schließlich mit einer hilflosen Geste: »Darf ich hereinkommen?«

»Wenn es sein muß – aber mach es kurz!« Sie trat einen Schritt zurück, hielt die Tür wie einen Schild zwischen sich und ihn. »Ich erwarte nämlich Besuch.«

»Sicher, ich –« Verlegen und unglücklich wartete er, bis sie ihn ins Wohnzimmer winkte.

In der Ecke stand ein Schreibtisch, ein strenger, zweckmäßiger Aufbau von Schubladen und Leseschirmen. Sie nahm den Schreibtischhocker. Ihr Nicken nagelte ihn auf einen hochlehnigen harten Stuhl fest, Abgründe von ihr entfernt. Sie wartete, bis er sich des Abstandes bewußt war, dann fragte sie: »Was kann ich für dich tun?«

»Äh, ich...« In diesem Moment wurde ihm klar, daß sein Besuch keinen Sinn hatte, daß er aufstehen und wortlos wieder gehen sollte, aber das war nicht seine Art. Ein hartnäckiger Optimist gab niemals kampflos auf. Durfte er nicht. Das konnte Gewohnheit werden. Vorsichtig rieb er mit der Schuhspitze über den weichen grünen Teppich. »Hübsch hast du es hier.«

»Danke«, sagte sie mechanisch, und dann: »Aber du bist sicher nicht gekommen, um meine Einrichtung zu bewundern. Oder weil du über das Wetter plaudern möchtest.«

»Ich... ich habe dich lange nicht gesehen und konnte dich auch nie erreichen. Ist alles okay?«

»Mit mir?« Sie zuckte mit den Schultern. »Es geht.« Ihr Finger tippte auf eine Schreibtischtaste; ein sanfter Gong ertönte, und eine Baritonstimme sagte: »Mit dem nächsten Ton ist es vier Uhr achtundfünfzig...« – »Ich fürchte, du mußt jetzt –«

»Moment. Zwischen uns, meine ich. Ich mag dich. Und ich hatte den Eindruck, daß auch du – aber seit drei Monaten weichst du mir aus, beantwortest meine Anrufe nicht, schaust nicht vorbei... warum?« Er streckte die Hände aus – und kam sich albern vor, als er ihre Verachtung spürte. Langsam ließ er die Arme sinken. »Warum?« wiederholte er.

»Weißt du das wirklich nicht?«

»Nein.« Er schüttelte den Kopf, log sich und ihr etwas vor.

»Weil du mir nicht geben kannst, was ich suche.«

»Und das wäre?«

»Synergie – Kraft und Erhöhung durch den Austausch von Gedanken und Gefühlen. Das Ganze muß größer sein als die Summe seiner Teile – und bei uns klappt das nicht, Henry.«

»Aber du bist Handels-Attaché, und ich kenne diese Welt wie –«

»Was den Beruf angeht, stehe ich ohnehin weit über dir. Aber ich meinte mehr die private Sphäre –«

»Ich –«

»Geh weg vom Nachrichtendienst, und du hast vielleicht eine Chance.« Sie lehnte sich zurück und verschränkte die Arme. »Die machen dich kaputt. Du lebst in einem Slum, rackerst dich ab für dreckige kleine Eingeborene, wirst zum Gespött deiner eigenen Rasse – glaubst du, daß ich so einen Mann schätzen kann? Da läuft nichts, Henry. Du wolltest nicht einmal auf das Botschaftsgelände ziehen, obwohl ich alles vorbereitet hatte. Jetzt ist es zu spät.« Sie wirbelte auf dem Hocker herum. »Lebwohl. Du findest sicher allein hinaus.« Der Bariton verkündete: »Mit dem nächsten Ton ist es fünf Uhr.«

Langsam erhob er sich, den Blick auf ihr weiches, langes Haar gerichtet. Wenn er nur reden dürfte! Wenn er ihr nur erklären könnte... aber er konnte es nicht, und sie hätte ihm wohl auch nicht geglaubt. »Lebwohl«, sagte er nur und verließ sie. Danach schlenderte er durch die Straßen.

Wohin er ging, wußte er nicht. Trauer und Leere machten sich breit. Die Straßen erschienen ihm alle gleich, voll Gedränge, Lärm und Gestank. Er ließ sich treiben wie eine Regenwolke auf der Suche nach halbverdursteten Farmern. Sein eigenes Volk zählte nicht dazu. Zumindest nicht die Botschaftsangehörigen – nicht, wenn das einzige Mädchen dort, das tiefer für ihn empfunden hatte, *so* dachte. Auch nicht die Menschen auf der Erde; Terra war zu weit entfernt, räumlich und geistig. Nicht einmal seine Vorgesetzten, es sei denn, er entschloß sich, seine Mission abzubrechen. Was er auf gar keinen Fall beabsichtigte! Zweimal an einem Tag eine Niederlage einstecken, das konnte er nicht.

Blieb nur noch Nmentror und sein – *Volk, verdammt noch mal! Nicht Eingeborene oder Un-Menschen oder sonst was. Sie können denken und fühlen und besitzen eine Seele, und das macht sie den Terranern ebenbürtig. Ein liebenswertes, begabtes, wissensdurstiges Volk. Er wollte ihnen alles geben – und wenn sie auch nicht gerade darum bettelten, sie würden sich zumindest daran gewöhnen.*

Mit schnellen, zielbewußten Schritten eilte er heim.

4. Juni 2315

Hrackos war ein pflichteifriger Schüler der zehnten Stufe – er merkte sich die Dialoge, lernte seine Vokabeln und gab sich Mühe mit dem Akzent – aber Coopers Frage brachte ihn völlig aus dem Gleichgewicht.

»Warum«, wiederholte der Terraner geduldig, »arbeitest du weiter für einen Herrn, der dich schlägt und dich halb verhungern läßt?«

»Ich – ich verstehe nicht, Henry.«

»Schau, du hast mir doch selbst erzählt, daß dein Herr dich gestern verprügelt hat, oder?«

»Ja.«

»Hattest du etwas angestellt?«

»Nein. Ich sagte doch – er war betrunken.«

»Du hast auch erzählt, daß er dir seit einiger Zeit nichts mehr zu essen gibt.«

»Ja, das stimmt.«

»Warum gehorchst du ihm dann?«

Hrackos schien einen Moment lang verwirrt, beschloß dann aber, die Unwissenheit des Terraners zu übergehen. »Henry«, meinte er vorsichtig, »ich muß gehorchen. So will es Das Gesetz.«

»Verlangt Das Gesetz, daß man auch einem ungerechten Herrn gehorcht?« fragte Cooper ungläubig. Er fühlte sich wie ein Wirbelsturm, der an einem armseligen Fensterglas scheiterte. *All die Monate...*

»Ja.« Hrackos nickte ernst und senkte dann den grünen Kopf. »Das Gesetz bestimmt, daß ein *Naytakloi* seinem *Taksoloi* und seinem *Tayloi* gehorchen muß, seinem Aufseher und seinem Herrn. Wer dagegen verstößt, bricht Das Gesetz und verletzt dadurch die Harmonie des Alls. Und die Harmonie kann erst dann wiederhergestellt werden, wenn Das Gesetz durch einen ebenso schweren Verstoß in der anderen Richtung gebrochen wird.«

Cooper wandte sich an den Herrscher, den er jetzt seit achtzehn Monaten von Kurs zu Kurs mitgeschleift hatte. »Emtano – hat nicht der Herr von Hrackos gegen Das Gesetz verstoßen?«

»Und ob!« fauchte der Aristokrat. »Mehrfach und schwerwiegend. Und ihn wird letzten Endes die gerechte Strafe erteilen.«

»›Ereilen‹«, verbesserte Cooper. »Wollen Sie damit sagen, daß ihn die anderen Herrscher bestrafen werden?«

Emtano, der etwas in sein Heft gekritzelt hatte, schaute auf. »Wir? Ihn bestrafen? Nie!«

»Warum nicht?«

»Keiner kann einen Herrscher maß – maß – ...«

»Maßregeln?«

»Danke – einen Herrscher maßregeln, es sei denn das Universum selbst, auf der Suche nach Harmonie.« Er kniff die Augen zusammen. »Bei euch gibt es ein Sprichwort über Gottesmühlen, die langsam mahlen – genauso ist es hier. Lassen Sie uns Zeit! Vielleicht gelingt es uns, das Universum ein wenig anzutreiben.«

»Hrackos – warum brichst du inzwischen nicht auch Das Gesetz? In der anderen Richtung, um die Harmonie wiederherzustellen?«

»Das Wagnis ist zu groß.«

»Hast du Angst vor der Strafe deines Herrn?«

»Nein, Henry.« Ein Lächeln überflog die hageren Züge. »Ich befürchte, daß sein Handeln bereits ein Wiederherstellen der Harmonie sein könnte. Würde ich gegen Das Gesetz verstoßen, könnte ich von neuem Disharmonie erzeugen. Verstehst du, was ich meine?«

»Ja.« Cooper nickte. Er warf einen Blick auf seine Uhr und murmelte: »Schluß für heute. Wir sehen uns morgen wieder.« Während er seinen Schülern ins Freie folgte, überlegte er, ob dieser Konversationskurs für Fortgeschrittene das Richtige für seinen

Seelenfrieden war. In einer Anfängerklasse bekam er wenigstens keine Antworten, die ihn aufwühlten.

28. Oktober 2315

Cooper war gut zehn Schritte in den dunklen Korridor vorgedrungen, ehe ihm zu Bewußtsein kam, was er eben getan hatte. Er drehte sich halb um und starrte zurück zu dem rotbraunen Fleck am oberen Treppenabsatz. Von dort wanderte sein Blick zum offenen Fenster, durch das er soeben den zerfetzten Kadaver eines sechsjährigen Jungen geworfen hatte. Wenn er sich recht erinnerte – er versuchte jede Einzelheit in sein Gedächtnis zurückzuholen –, hatte er geschnüffelt, ›einfach widerwärtig‹ gedacht, das Ding am halb abgetrennten Schwanz gepackt und durch die Luft nach draußen geschleudert. Beschämt fiel ihm ein, daß er das Aufklatschen als Kontrapunkt zu dem kleinen Lied genommen hatte, das er vor sich hinpfiff.

Anstatt in sein Zimmer zu gehen, drehte er sich ganz um und stieg die Treppe wieder hinunter. Nach einem zehnminütigen Fußmarsch durch morastige Straßen erreichte er das Hypergrafenamt und gab eine Botschaft an seine Vorgesetzten auf. Die Zusatzgebühr für die Eilzustellung ließ ihn einen Moment zögern; wenn er sie zahlte, mußte er eine ganze Woche zu Fuß zum Unterricht gehen. »Ach was!« Er zuckte mit den Schultern und zählte dem Mädchen am Schalter die Münzen hin. »Ein wenig Bewegung wird mir nicht schaden.«

Beim Hinausgehen dachte er an die sanften runden Augen der jungen Angestellten und träumte davon, ihr Fell auf der nackten Haut zu spüren. Zur Verblüffung der Passanten blieb er plötzlich stehen und schlug sich mit der flachen Hand ins Gesicht. Es machte die Kleine nicht weniger hübsch, aber er wußte nun wenigstens, wie er sie zu betrachten hatte. Den Rest des Weges hielt er den Blick gesenkt.

11. Dezember 2315

Es war sein letzter Tag; das Schiff nach Terra mit Aufenthalt in Kouande und Snecto flog am nächsten Morgen ab. Er saß auf der Pultkante im Klassenzimmer und versuchte die Fragen zu beantworten, die ihm seine Schüler von der zwölften Stufe entgegenschossen.

»Warum verläßt du uns?« fragte Menala mit einem Anflug von Verzweiflung. »Wir brauchen dich noch.«

»Ihr kriegt einen neuen Lehrer«, beruhigte er sie. »Es gibt eine Menge Terraner in der Botschafts-Enklave, die sich gern zusätzlich was verdienen.«

»Aber wir mögen *Sie*«, beharrte Emtano, »und Sie mögen uns. Warum gehen Sie also?« Seine Handbewegung fegte das Lacktablett zu Boden. Eilfertig bückte sich sein Diener, aber der *Tayloi* winkte ihn zur Seite und hob das Zeug selbst auf.

Cooper bemühte sich, seine Freude zu verbergen. »Ich habe Terra seit zwei Jahren nicht gesehen«, erklärte er. »Und ich – ich... kennt ihr das Wort ›Heimweh‹?«

»Klar.« Hrofa nickte eifrig. »Wenn man an nichts anderes als an seine Freunde und seine Familie denkt.«

»Genau. Also, ich habe Heimweh.«

»Aber, Henry«, widersprach Mogano, »dein Zuhause ist jetzt hier. Du lebst schon seit fast zwei Jahren bei uns.«

»*Erst* seit zwei Jahren – und auf Terra habe ich fünfundzwanzig verbracht.« Ganz hinten in der Ecke hob sich ein Arm. »Ja, Hrulamo?«

Der *Naytakloi* war extrem schüchtern; sein grünes Fell sträubte sich vor Verlegenheit. Aber er hatte eine Frage, und nur eine Antwort konnte ihn zufriedenstellen. »Henry –« Er wägte jedes Wort sorgfältig ab. »Du bist hergekommen, um eine Aufgabe zu erfüllen, ja? Du solltest uns Englischunterricht geben. Nun willst du gehen, aber wir sprechen erst halb Englisch, nicht richtig Englisch wie du. Warum verläßt du uns, ehe du fertig bist?«

Es war eine vertrackte Frage, aber Coopers Herz schlug schneller vor Freude, als er sie hörte. »Nun, Hrulamo, das ist schwierig. Fangen wir einmal so herum an: Wenn ich kein perfektes Englisch spreche, kann ich kein guter Lehrer sein, oder?«

»Warum?«

»Weil ich euch dann die falschen Sätze beibringe oder eure Fehler nicht höre – oder wenn ich sie höre, kann ich sie nicht verbessern.«

»Ach so. Das stimmt.«

»Ich bin jetzt seit zwei Jahren hier. Außerhalb des Klassenzimmers spreche ich nur 'trorisch. Mein Englisch ist nicht mehr so gut, wie es war. Ich erkenne Fehler nicht mehr. Ich verbessere sie nicht. Versteht ihr, was ich meine?«

Langsam blinzelten seine Schüler mit dem rechten Auge. Sie verstanden den Grund. Hrulamo kämpfte damit, ihn in Worte zu fassen. »Du gehst, weil alles ... normal klingt, ja? Nichts erscheint dir ... falsch? Du wirst mehr ... wie wir, weniger der terranische Lehrer, der du warst?« Ihm kam eine Idee, und er lachte. »He, Henry, dann mußt du ja selbst wieder Englisch lernen?«

Cooper lächelte und ließ sich von der Pultkante rutschen. »Genau, Hrulamo, genau.«

9. April 2316

Der Chef, mit ergrautem Haar und Bart, strahlte, als er ihn sah. »Mein Gott, Henry«, sagte er, während Cooper in den angebotenen Sessel gegenüber dem Schreibtisch sank, »ich dachte schon, du seist umgekippt. Fast zwei Jahre – das ist länger, als jeder andere ausgehalten hat. Wie hast du die Kurve gekriegt?«

»War nicht leicht, Jeb.« Er zog die Augenbrauen hoch und warf einen Blick auf das Bücherregal. »Hast du einen Whisky für mich?«

Der Chef winkte müde. »Bedien dich, alter Säufer. Du weißt, wo das Zeug steht.«

»Danke.« Er stand auf und ging an die eingebaute Bar. »Trinkst du einen mit?«

»Nicht im Dienst.«

»Wenn du mich damit in Verlegenheit bringen willst – das schaffst du nicht. Ich bin im Urlaub, wie du weißt.« Lachend ging er zurück zu seinem Platz. »Ich konnte meine kulturelle Identität nur etwa achtzehn Monate wahren. Aber ich spürte den Wechsel nicht; er vollzog sich zu unauffällig. Bis ich eines Tages merkte, daß ich keine Fragen mehr stellte – alles war vertraut, alles war... normal. Als ich das erkannte, schickte ich sofort das Hypergramm los.«

»Kluger Schachzug.« Er warf einen wehmütigen Blick auf das Glas in Coopers Hand. »Ich weiß, daß du noch an deinem Report arbeitest, aber könntest du mir in Stichpunkten erzählen, was du herausgefunden hast?«

»Gern.« Er suchte sorgfältig nach den richtigen Worten. »Erstens – Nmentror ist extrem gefährlich. Das Volk beugt sich ohne Widerspruch den Entscheidungen seiner Führer, die übrigens eine strenge Auslese darstellen. Das System ist stabil und bietet genug Freiraum zum sozialen Aufstieg, um alle Schichten zufrieden zu halten. Keine einzige Machtposition, die auf Erbfolge beruht – nirgends auf dem verdammten Planeten.«

»Und worin besteht dann die Gefahr?«

Cooper dachte an einen kleinen Kadaver, der durch die Luft wirbelte und in den Rinnstein klatschte. »Sie kennen kein Mitgefühl für die Schwachen, Jeb. Sie wollen keine Gnade und gewähren keine. Und sie gehorchen. Sie werden tödliche Konkurrenten sein, wenn sich diese Dinge nicht ändern, ehe sie den Raum erobern.«

»Kann man denn etwas ändern?«

»Sicher.« Der Whisky brannte wohltuend in der Kehle. »Eines Tages.« Er beobachtete, wie die Eiswürfel schmolzen. »Mit genügend Leuten.«

»Wie viele?«

Cooper zuckte mit den Schultern. »Ich war zwei Jahre dort und unterrichtete zwölf Klassen mit insgesamt zweihundertvierzig Schülern. Darüber hinaus kam ich mit dreißig oder vierzig 'troriern in engeren Kontakt. Das heißt, ich konnte knapp dreihundert Leute näher beobachten.«

»Und?«

»Etwa die Hälfte blieb unbeeinflußt. So an die hundert lernten ›was‹ oder ›wann‹ zu fragen. Zwanzig oder dreißig kamen bis zum ›Wie‹. Und ich schätze, nur zehn, höchstens fünfzehn, fragten *von sich aus* nach dem ›Warum‹.«

»Sie werden andere damit anstecken«, sagte der Chef, aber zweifelnd, als sei er seiner Sache nicht so sicher.

»Vielleicht.« Er trank das Glas leer und stand auf. »Aber wir werden weitere Lehrer hinschicken müssen, Jahrzehnte, Jahrhunderte lang, ehe die 'trorier auch nur anfangen, an ihren Traditionen und Institutionen zu zweifeln.«

»Soziale Erosion«, seufzte der Chef, »dauert fast so lange wie die geophysikalische.«

»Es gäbe eine Alternative«, sagte Cooper, eine Hand bereits auf der Messingklinke.

»Revolution?« Er winkte ärgerlich ab. »Das ist nicht unsere –«

»Nein.«

»Was dann?«

So leise und müde, daß es fast wie ein Flüstern klang, sagte Cooper: »Wir könnten die Herrschaft über den Raum *ihnen* abtreten.« Damit ging er.

Aus dem Amerikanischen übersetzt von Birgit Reß-Bohusch

Somtow Sucharikul

Ein Tag in Mallwelt

(A Day in Mallworld)

Also:

Warum sollte eine einsame, unzufriedene, aus dem Bibelgebiet stammende und demnach keusche Teenagerin wie ich wohl jemals das Familienauto klauen, sich aus der Kolonie verdrücken und nach Mallwelt teleportieren – und das ausgerechnet am Sabbat?

Die Leute haben eine Menge falscher Auffassungen über die Bewohner des Bibelgebietes. Zuerst einmal wirft man uns alle in einen Topf; dabei gibt es vier Kolonien, drei davon umgesiedelte L-5-Stationen, die man aus der Erdumlaufbahn geborgen hatte, die vierte – von Katholiken bevölkert – ein Asteroid wie die meisten Kolonien. Unsere Kolonie, Gottesreich, ist ein hübscher Mischmasch aus Amish, Buddhisten und Hare Krishnas... aber ich schätze, ihr neunmalklugen ›Zivilisierten‹ würdet den Unterschied ohnehin nicht bemerken. Und von wegen Hinterwäldler – das Bibelgebiet liegt genau Null Komma Null Eins A.E. von Interwelt entfernt, eine läppische Million Meilen, und das ist ein Klacks bei den neuen Teletransportmethoden...

Der größte Irrtum aber ist, daß wir irgendwie abartig wären. Was mich anbelangt, so bin ich nicht einmal sonderlich fromm. Wir leben, wie es sich gehört, in einem Sechs-Personen-Apartment, Ausmaß zehn mal zehn mal zehn, praktizieren, wie es sich gehört, Geburtenkontrolle, gehen nur einmal pro Woche in den Tempel, besitzen zwei Autos (eines davon für Langstrecken, versteht sich) und ein Stück Land auf dem Dach. Abgesehen von meinem einfachen safrangelben Kittel könnten Sie mich nicht von einer Babylonierin unterscheiden. Ich verfüge über normales schwarzes Haar, Sommersprossen, knospende kleine Brüste, regelmäßige Perioden und einen absolut normalen, keineswegs ausgefallenen Namen: Zoe McOmar.

Und genau wie jeder andere in diesem ganzen gottverlassenen Sonnensystem will ich hier *raus.* Nun, darin liegt der Unterschied: Ich *bin* rausgekommen.

An dem Sonntag vor meinem tollen Streich waren wir in der

Kirche. Mein kleiner Bruder knabberte auf dem Rücksitz an seinem Algenriegel, den Kittel vollkommen schief, als unser Auto in die ihm zugewiesene Kirchenflugschneise einschwebte. Überall um uns her wimmelte es von Autos, auch über und unter uns, so weit ich es sehen konnte, auf der gesamten Fahrbahn bis zur Innenbeplankung von Gottesreich ... und über dem Armaturenbrett, jenseits etlichen hundert Fahrzeugen glühten die meilengroßen Wörter:

MEKKA/JERUSALEM/BENARES – TREFFEN SIE IHRE WAHL

Die Windschutzscheibe wurde mit einem holografischen Abbild von Ashoka Toscanini überblendet, dem Patriarchen von Gottesreich.

»Die Geißel der Selespridar hat uns heimgesucht, elende Sündige!« intonierte er. Er war etwa sechs Zoll groß (unser Auto ist ein altes Modell), und seine schwarzen Gewänder wallten in Gottes Wind, und sein Haar stand in Flammen. »Tut Buße, tut Buße!« schrie er. »Sonst werden uns die Selespridar nur um so tiefer in den Schlund der Hölle stoßen ...«

Ich darf die Unwissenden davon in Kenntnis setzen, daß es der Glaube des Patriarchen von Gottesreich ist – und noch einiger anderer irregeleiteter Glaubender oder ›Erretteter‹ –, der augenblickliche traurige Verfall der Menschheit habe seine Wurzeln in den begangenen Sünden, welche im *Karmadharmadevaphasa* aufgezählt sind, einem Epos, das von Jesus Christus verfaßt worden war, als er in seiner Inkarnation als der Gott Krishna in den Finsteren Zeitaltern des zwanzigsten und einundzwanzigsten Jahrhunderts einen erneuten Besuch auf der Erde abhielt.

Kein Gottesreicher, den *ich* jemals kannte, glaubte auch nur ein Wort davon; es war eben ein netter kleiner Mythos ... aber die Tatsache bleibt, daß eine gewaltig große Barriere um den Orbit von Saturn existiert, eine Barriere, die uns in ein eigenes privates kleines Universum verbannt hat, bis zu der Zeit, da der »*Homo sapiens* ein Stadium der zivilisierten Aufgeklärtheit errungen haben wird«.

Genau in diesem Augenblick tauchte das Holo eines Selespridon an der Windschutzscheibe auf. Er war *überirdisch* schön. So waren sie alle: schlank, groß, bis auf die dritte Stelle hinterm

Komma humanoid, außer daß sie eine tiefblaue Haut besaßen und funkelndes, magentarotes Haar, in dem sich das Licht verfing... ich hatte mich mit ihnen beschäftigt und wußte, daß es sich bei diesem hier, mit seiner dreistufigen Tunika, um Klutharion handelte, den Gouverneur des Sonnensystems.

»Und hier steht der Oberteufel persönlich!« donnerte die Stimme von Ashoka Toscanini. »Es sind diese Dämonen, die Gott gesandt hat, um uns für unsere Sünden zu strafen... bereut, bereut, ihr verruchten Kinder der Verderbnis...«

Es war an der Zeit für die Litanei. Papsmam surrte neben mir in Aktion und brummte mit mechanischer Stimme: »So, Kinderchen, sprecht nun brav euer Gebet. Nun, Zoe, nun, Amahl, seid lieb und artig...« Ich zuckte zusammen. Meine Eltern hatten das schrottreife alte Kindermädchen seit zehn Jahren nicht mehr nachstellen lassen. Ich warf einen flüchtigen Blick zur Seite; meine wirklichen Eltern saßen rechts von mir im Auto, die Hände andachtsvoll gefaltet. Sie waren Zeloten, was immerhin fünfundsiebzig Prozent meiner Unzufriedenheit mit dem Leben erklären mag.

Ich schloß sacht meine Augen und sah den Selespridon im Geiste vor mir. Er war zehnmal schöner als ein Rockstar (und die benutzen alle blaues Make-up, ich schwör's), und ich begehrte ihn so leidenschaftlich, daß ich nichts weiter tun konnte, als meine Tränen zurückzuhalten. Ich heulte nicht nur aus Begierde, sondern weil ich es ungerecht fand, daß man uns Menschen hierher verbannte, während die Selespridar *dort draußen* in unfaßbarem Glanz lebten, Götter der Technik. Ich wollte sie einfach nur *sehen*. Vielleicht auch berühren. Es ist für den menschlichen Geist wirklich ein Dämpfer, zu wissen, daß man in einem Käfig steckt, selbst wenn es sich bei dem Käfig um einen Sphäroiden von neunzehn A.E. Durchmesser handelt.

Ich öffnete meine Augen (dabei in einem fort mein Gebet murmelnd), sah mich um und erblickte die stets ordentlichen Reihen der Autos und die blitzenden Buchstaben in der Ferne und den idiotischen Prediger, und auf einmal wußte ich, daß ich es *satt* hatte. Ich würde *ausbrechen,* irgendwie, und wenn man *ausbrechen* mit Kursivschrift in der Stimme spricht, so heißt das, aus dem gesamten Käfig *auszubrechen,* und die einzige Möglichkeit, das zu schaffen, besteht darin, einen Selespridon davon zu überzeugen, daß er einen mitnehmen muß, und Selespridar lassen sich im Bibelgebiet niemals sehen. Ich würde also nach Mallwelt gehen müssen… das ist ein Einkaufszentrum von dreißig Kilometer Länge, in dem manchmal sogar Selespridar anzutreffen sind, reiche Touristen, Kulturanthropologen, Verwaltungskräfte. Die blöde die Eingborenen begafften. Das Problem war, ich zählte erst fünfzehn und war noch niemals weiter als bis zum Vatikan gekommen.

Am nächsten Sonntag verdrückte ich mich noch vor dem Signal zum Tagesanbruch und holte unser Langstreckenauto aus der Garage. Ich besaß meine Lizenz erst seit ganzen zwei Tagen, wußte aber genau, was zu tun war.

Ich konnte nicht das mindeste sehen; die Beleuchtung war noch nicht an, und wir haben nicht so kostspielige bewegliche Lichtschalter wie auf dem Mars oder Ganymed. Ich ängstigte mich kein bißchen. Ich war viel zu aufgeregt, um überhaupt noch an etwas anderes zu denken als an die *Freiheit*. Alles setzte sich bei mir in Gedanken zu einer Allegorie auf David und Goliath zusammen…

Rasch lochte ich die Koordinaten für *Draußen*, dann die Nummer der Kreditkarte meines Vaters, die ich insgeheim schon vor Jahren auswendig gelernt hatte. Das Armaturenbrett bestand ganz aus Knöpfen und Bildern; wie alle Gebrauchsgegenstände, die nicht aus dem Bibelgebiet stammen, war es auf Leute zugeschnitten, die nicht wie wir lesen können. Eine unsinnige Befürchtung erfaßte mich einen Augenblick lang, daß sich die Maschine irgendwie an mich erinnern und mir eine Tracht Prügel verabreichen würde, aber nach einer Weile drängte sich das Auto in die Innenbeplankung und entmaterialisierte nach draußen.

So war's richtig! Ich wagte nicht zu verschnaufen, sondern legte den Kurs zum nächsten Zwischenhafen fest (klar, wenn man einen Ort außerhalb der Bibelzone ansteuerte, mußte man transmaterialisieren) und –

Dann bekam ich das große Flattern. Meine Kolonie schrumpfte rasch zu einem grauen Zylinder zusammen.

Wie konnte nur alles so schwarz sein! Gab es denn keine

Sterne? Es gab immer Sterne in den alten Holos, aber... alles war vollkommen schwarz. Es war nicht logisch, sich auf Sterne zu versteifen, aber ich habe mir den Raum immer so vorgestellt, wissen Sie – so wie er war, bevor *sie* kamen. Brutal, wie mich die Leere daran erinnerte, daß die Menschen *verbannt* sind. Ich hätte die ganze Zeit über in die Unendlichkeit hinausblicken sollen, doch statt dessen wurde ich von neunzehn A.E. schwarzer, niederschmetternder *Klaustrophobie* zermalmt...

Trotzdem fuhr ich fort, auf den Bildschirm zu starren. Ich war wie gelähmt, aber auch fasziniert. Das alles machte einen wahnsinnigen Eindruck auf mich. Die Aussichten, einem Selespridon zu begegnen und ihn davon überzeugen zu können, daß er mich aus der Gefangenschaft holen müsse, schienen mehr und mehr entfernt. Ich war schon so weit, verzweifelt nach Hause zurückzukehren. Aber um so weniger durchführbar es erschien, desto entschlossener wollte ich meinen Traum wahrmachen. Und es war der Traum der ganzen Menschheit, selbst der ganz gebildeten Leute.

Wir bewegten uns schnell, obwohl man das Gefühl hatte, absolut stillzustehen. Die drei Zylinder, gleich Silbersplittern, wirkten bei dem Abstand fast wie aufgereiht; der platte Asteroid, der den Vatikan beherbergte, war eine unregelmäßige Perle... die Glieder einer kaputten Kette. Es war hübsch, und ich würde keine der Kolonien je wiedersehen.

Schließlich machte ich einen einzelnen Stern aus... er war rötlich. Nur der Mars. Und die Sonne, ein winzig kleiner strahlender Ball, und voraus Jupiter, so gerade eben eine Scheibe und von schillerndem Weiß.

Und endlich der Kranz aus Bojen, der den Zwischenhafen umringte. Ich lochte Mallwelt, so daß das Auto ausreichend Zeit haben würde, den Sprungwinkel und seine Geschwindigkeit zu berechnen. Die Technik all dessen war natürlich selespridarisch; sie versuchten uns armen Menschen stets den Fortschritt zu bringen, uns die Jahrhunderte zu erleichtern, in denen wir auf etwas vorbereitet wurden, das wir selbst nicht so recht verstanden.

Das Auto zischte nach vorn, ich spürte eine Sekunde lang etliche Gs durchkommen, und dann klatschte es in das Feld des Zwischenhafens und transmaterialisierte. Ich befand mich nun im Mallwelt-Bereich.

Mallwelt! Das größte Einkaufszentrum aller Zeiten, in dem man ALLES kaufen kann, was man sich nur vorzustellen vermag!

Es sah ganz wie Gottesreich aus.

Ich erkannte die vertraute Zylinderform, schwach glühend in der Schwärze. Doch als das Auto näherglitt, konnte ich die riesigen Spruchbänder aus verstärktem Plastikstoff aus den Schleusentoren hervorschnellen sehen, in knalligem Gelb, Türkis und Rot, und sie verkündeten:

WILLKOMMEN IN MALLWELT –
WO *ALLE* TRÄUME WAHR WERDEN
MEHR ALS ZWANZIGTAUSEND LÄDEN
TÄGLICH EINE MILLION KUNDEN AUS DEM
SONNENSYSTEM UND VON DEN STERNEN

(Wer zur Hölle kann die Bänder überhaupt lesen, dachte ich.) Und ich wurde eilends eingeholt und zum Parkplatz befördert, wo sich das Auto verankerte, weiteres Geld von Paps' Konto abbuchte und mich ausspie. Ich hatte meinen gelben Kittel abgelegt – weil ich nicht auf den ersten Blick wie die Unschuld vom Lande aussehen wollte – und trug meinen einteiligen Pyjama. Er würde, hoffte ich, fremdartig genug aussehen, um als avantgardistisch durchzurutschen; außerdem betonte das irisierende Pfauenblau meine Augen sehr vorteilhaft.

Ich warf mich geradezu in die Luftrutsche, die vom Parkplatz in die eigentliche Mallwelt hineinführte, was ein recht seltsames Gefühl war, da diese Beförderungsmittel aus dem neuesten Werkstoff der Selespridar bestand: aus *nichts*. Es handelte sich um das gleiche Kraftfeld-Prinzip, das die Menschheit in ihren menschlichen Zoo einschloß.

Während ich die zwei oder drei Kilometer in die Welt hinabgetragen wurde, dachte ich verbittert: Schöne Fremdweltler, die uns auserlesene Brocken einer überlegenen Technik vorwerfen, Fleischstückchen vom Tisch, Glitzerkram für die Eingeborenen ... (Ich weiß von diesen ›Tausch‹-Geschäften, weil wir im Bibelgebiet auch in Erdgeschichte unterrichtet werden; wir sind schon sehr altmodisch und traditionsverbunden.)

Mit einemmal stand ich in der Haupthalle des Tores Fünf Null Sieben und konnte nichts weiter tun als staunen.

Ich stützte mich gegen eine Brüstung und schaute hinunter und hinauf und wagte es nicht, die Zahl der Etagen an diesem Ort zu schätzen.

Es war verwirrend. Um mich herum ein endloser Strom von Leuten, die energisch in kleine Nischen eilten – wie kamen sie alle darin unter? Oh: es mußte sich um die sagenhaften Mini-Demat-Nischen handeln! Keine Stiegen, keine Aufzüge, keine Rolltreppen! Ich war empört über diese Energieverschwendung, aber schließlich waren das auch Babylonier: und allesamt geschmückt wie der Christbaum im Foyer des Hare-Krishna-Seminars. Fette Frauen verschwanden unter Paketen, zarten Frauen folgten automatische Einkaufstaschen auf dem Fuß ... aber woher sollte man wissen, wohin man sich wenden mußte? Ich war dermaßen frustriert, daß ich hätte schreien mögen.

»Mein Gott, wo *finde* ich irgendwas?« sagte ich laut und erbittert.

Ein sechs Zoll großer Mann in einer bonbonrosa Uniform kam durch die Luft geflogen und verharrte vor meiner Nase in der Schwebe. Ich wollte ihn verscheuchen, aber er sagte: »Ich bin Computersimulakrum MALLFÜHRER 222214-037. Sie wünschen?«

Ich war einen Augenblick lang aus der Fassung gebracht, dachte dann: »Nun, es ist nur eine Maschine«. Und sagte schließlich: »Ich bin noch niemals zuvor hier gewesen!«

»Was wünschen Sie denn zu kaufen?«

»Nichts. Ich suche Selespridar.«

»Darauf sind wir leider nicht programmiert, tut mir leid. Möchten Sie, daß ich Ihnen ein Aufsichts-Modell schicke?«

»Äh ... nein. Hast du nicht einen Leitfaden oder so etwas?«

»Mußten wir einstellen, Miß. Wer kann heutzutage schon noch lesen?«

»Tja, wo halten sich Selespridar denn so auf? Gibt es hier etwas Besonderes, sagen wir, Regentänze der Eingeborenen für die Touristen oder derlei?«

Diese Bemerkung ging natürlich vollkommen über den Horizont des Comsims; ich mußte irgendwie meine Überlegenheit demonstrieren, um keine Komplexe zu kriegen. Vielleicht sollte ich doch etwas kaufen, dachte ich mit leisem Schuldbewußtsein: Geld auszugeben verstieß gegen eingeimpfte Gewohnheiten... aber ich hatte *tatsächlich* ein paar eigene Kredits, noch vom Job im letzten Sommer, als ich Hopfen gepflückt hatte, damit auf dem Dach Bier gebraut werden konnte. Ich fragte mich, wie lange sie wohl reichen würden...

»Miß, ich sage Ihnen, ich bin nur ein MALLFÜHRER. Für genauere Auskünfte müssen Sie sich zu einem Zahlcomp begeben und Zeit bei ihm kaufen. Soll ich einen holen lassen?«

»Äh... nein.« (Ich multiplizierte den Preis für eine zehnminütige Benutzung des Zahlcomps bei uns zu Hause mit drei oder vier. Ich schätzte, daß das in etwa hinkommen würde – und es kostete mehr Geld, als ich jemals auf einem Haufen gesehen hatte. Natürlich mochte es bei der Entfernung mindestens eine Minute dauern, bis mein Konto rot wurde, aber –)

»Sehr wohl. Gibt es etwas, das Sie gern kaufen möchten?«

»Nun, ich bin *hungrig*«, sagte ich. Ich hatte noch kein Frühstück gehabt. Und schließlich, stellte ich mir vor, würde eine Bar oder ein Café so gut wie jeder andere Ort sein, um damit zu beginnen, einen Selespridon zu fangen...

»Die Restaurantebene ist H-46. Sagen Sie's nur der Nische.« Er machte sich flackernd davon. Wie eine kleine Fee.

Ich schaffte es, mich in die nächstliegende Nische zu drängen, rief ihr *H-46* zu und war augenblicklich ganz woanders.

Sofort flammten überall Schriftzüge auf:

ESSEN SIE BEI JOE
ECHT KÜNSTLICHEN ROHEN FISCH
WIR SIND SPEZIALISIERT AUF FREMDWELTLICHE
FEINSCHMECKERGERICHTE

Und eine Unzahl von Zeichen in Sprachen, die ich nicht kannte. *Wer* liest überhaupt *all das Zeug?* dachte ich bei mir. Die meisten Zeichen wirkten optisch, obwohl auch einige akustisch in meinen Ohren gellten... und Leute, die allenorts umherrannten, dabei unentwegt schwatzten... ich hatte nicht gewußt, daß man sich so einsam fühlen konnte, während um einen her soviel vor sich ging...

Nun, ich war wirklich hungrig, also dachte ich, daß ich besser auf Nummer Sicher ging. Ich hatte nicht die mindeste Ahnung, was sich hinter all den tollen Namen verbarg. Ich war einmal kranker als ein durchsiebter Druckanzug geworden, nachdem ich ein echtes Ei von der Erde gegessen hatte. Es war so ekelerregend gewesen, wenn man sich vorstellt, daß es tatsächlich aus dem *Innern* einer Henne gekommen war – Nein, für mich kam nur Hausmannskost in Frage. Ich übersah um ein Haar die kleine Seitentür im Korridor:

BUCKEROROGEROO'S ›ISS, WAS DU WILLST‹-STEAKHAUS!

Die *Größe* des Restaurants überwältigte mich, nach all den Korridoren. Drei oder vier Schichten übereinander, und Motornischen surrten durch die Luft, und Sechs-Zoll-Simulakra von typisch irdischen Cowboys lasen von den Rücken ihrer Pferde herab den Kunden das Menü vor, und wohin man schaute, dies in den Augen schmerzende Licht. Und doch überall Menschen. Nicht ein einziger Fremdweltler.

Ich fühlte mich recht klein, also nahm ich einen Platz mit Blick auf die Wand. Ich hielt meinen Daumen für den Cowboy hoch, der sofort über meine Schulter geschwebt kam, und entschied mich für das Tagesgericht. Dann langte ich nach dem Messer und begann loszusäbeln.

Herrlich... es war ganz wie daheim. Ich fing sogar an, mich zu entspannen und schaute müßig zu, wie sich die Steaks aus der Schnellklon-Nährlösung selbst wiederherstellten.

Was nun?

»Guten Tag.« Fast hätte ich nicht aufgeblickt. Diese tiefe, überirdische Stimme!

Es war ein Selespridon. Ich starrte ihn an. Er war zweieinhalb Meter groß, blau wie der Himmel unserer guten Erde, mit einem Schopf purpurnen Haares, der frei um seine Schultern wehte, und vier Stufen in seiner Tunika. Das bedeutete, daß er noch mächtiger sein mußte als Klutharion.

Was tat er dann hier?

Während die Gedanken in meinem Kopf umherwirbelten, blickte der Selespridon mich nur an. Es geschah wirklich eindringlich. Ich ließ meine Gabel fallen, und zufällig rollte sie auf den Motormechanismus, und die Nische begann zu schweben, und ich bemerkte es nicht einmal. Sein Blick war so zwingend, so hypnotisch. Ich bin sicher, daß sie uns anfangs nur deshalb so schnell hatten erobern können. Ich begehrte ihn! Es war kein sexuelles Verlangen. Nein, es lag zwar etwas unerklärbar Erotisches in meinem Wunsch, ihn zu besitzen, aber da war noch mehr: das, wofür er stand, Freiheit und Abenteuer und das weite Universum.

»Ich... ich bin Zoe McOmar«, sagte ich und kam mir albern vor.

»Aus dem Bibelgebiet, möchte ich annehmen?«

»Wa... woher wissen Sie das?«

»Nur jemand aus dem Bibelgebiet würde an einem Ort essen, der so... so *schäbig* ist wie dieser. Und ich schätze, daß du eine Ausreißerin bist...«

Ich war niedergeschlagen. Mein Typ mußte in Mallwelt dermaßen weit verbreitet sein, daß jeder mich sofort durchschaute. Ich und meine großartigen Ideen! Und nun rotierte die Nische langsam, schnellte über die zweite Schicht des Restaurants hinaus...

»Hab keine Sorge, Kleines«, sagte er freundlich. »Es gibt hier zahlreiche Ausreißer, aber wenige bekommen eine Chance, wie du sie vielleicht bekommst. Denn ich besitze etwas, das du dir ersehnst, nicht wahr? Die Macht, dich aus diesem gottverlassenen System herauszuholen.«

Ich blickte zu ihm hoch und starrte und starrte und starrte.

»Ja«, amüsierte sich der Fremdweltler. »Die Menschen tun sich nicht leicht mit der Gefangenschaft. Ich habe die menschliche Natur keineswegs falsch eingeschätzt. Selbst wenn das Gefängnis ein ganzes Sonnensystem umfaßt. Sehr gefährliche Spezies, sehr gefährlich. Sei es, wie es sei, jedenfalls – ich denke, du könntest mir das Leben retten. Würdest du darüber mit mir verhandeln?«

»Aber wie? Sie sind ein Vierstufen-Selespridon, und ich bin nur ein Mensch, und –« Er spielt mit mir, dachte ich. Quält mich, verspottet mich mit meinen eigenen Träumen. Denn nun hatte er mich in der Hand. Ich würde *alles* tun...

»Nun, ehrlich gesagt, ich soll hingerichtet werden. Morgen habe ich mich vor der Obrigkeit für ein Verbrechen zu verantworten, das ich vor Jahrhunderten beging. Ich bin auf Suche, mußt du wissen.«

Ich nickte. Das war ein vertrauter Gedanke. Selespridar von

hohem Rang durften auf Suche gehen, um so vielleicht dem Todesurteil zu entrinnen.

»Es ist nämlich so«, fuhr er fort (und ich konnte seine Gefühle nicht wirklich ermessen, er war zu fremdartig), »daß ich ein Verbrechen der Erbarmungslosigkeit verübt habe, und es steht darauf die Strafe, in das Schwarze Loch A'anakoitha geworfen zu werden, etwa zwölf Parseks von meiner Heimatwelt entfernt. Ich werde natürlich sofort sterben, aber... wegen der Zeitdilatation wird mein Abbild innerhalb des Schwarzen Loches bleiben, ein gemarterter Leichnam, ein abschreckendes Beispiel für Schulkinder, die Generationen nach mir leben. Dies konnte ich nicht zulassen, weil meine Kinder sonst zu großer Ächtung ausgesetzt wären.«

Ich verstand nicht übermäßig viel von dem, was er sagte, aber offensichtlich brauchte er Hilfe. Doch mehr noch, als daß ich Mitleid mit ihm empfand, erregte mich das, was er erzählte. Er warf mit Schwarzen Löchern und Parsektiefen um sich, als seien sie gar nichts! Und ich wußte, daß die offizielle Zeitdauer für eine selespridonische Suche ein *n'huat* betrug, bedeutend länger als eine menschliche Lebensspanne.

Somit war er eine Art von wanderndem Juden oder Fliegendem Holländer, falls Sie unsere Erdmythologien kennen.

»Worauf genau zielt Ihre Suche ab?« fragte ich in aller Offenheit. »Wiedergutmachung durch Liebe oder so etwas?« Das war ein Gedanke aus der Sagenwelt unserer Alten Erde, und außerdem sprach der Patriarch von Gottesreich in seinen Predigten immer davon.

Der Fremdweltler lachte. Es war eine hohle, verzweifelte Form des Lachens. Seine Gefühle waren nicht herauszulesen; sein Gesicht war so schön wie stets. Innerlich weinte ich um ihn.

»Es ist eine Aufgabe, die nur dann gestellt wird, wenn sie sicher sind, daß der Verbrecher den Tod auch verdient. Ich muß den Sinn des Lebens finden.«

Ich trat hart auf den Boden der Nische, was sie veranlaßte, zurück zum Ausgangsort der Reise zu sausen. »Aber das ist doch lächerlich!«

»Das ist wohl die angemessenste Übersetzung«, sagte er. »Ich meine, es ist tatsächlich... *ug'unnieth*, und das bedeutet... nun, es *sind* schon Leute dabei erfolgreich gewesen, sie *haben* annehmbare Antworten mit zurückgebracht, und weil doch dein System ein wahrer Quell uralter Wahrheiten und primitiver Ansichten ist, die wir in unserer Aufgeklärtheit vergessen haben, dachte ich –«

»Aha. Hokuspokus. Sie kamen hierher, um einen Zauber vorzufinden oder so etwas. Nun, da sind Sie zweifellos an die richtige Person geraten! Ich stamme aus dem Bibelgebiet, müssen Sie wissen, und weiß alles über den Sinn des Lebens und diesen ganzen Kram –«

»Genau das ist der Grund, weshalb ich zuerst einmal in dies Restaurant kam«, sagte der Selespridon.

»Erstens«, sagte er – sein Name war Zhangif, wie ich herausgefunden hatte – »darfst du nicht länger in diesem Pyjama umherlaufen. *Ich* achte ja nicht weiter darauf, aber wenn einer der modebewußteren Mallweltler...«

Wir schlenderten (das heißt: *er* tat es; ich hatte ziemliche Schwierigkeiten mit der Navigation) einen ›Wirbel-Gravi‹-Korridor entlang, der sich korkenzieherartig von Ebene zu Ebene wand und überraschend alle paar Minuten von einem Hochgrav zu einem Niedriggrav wechselte. Ich war wütend, daß er meinen Pyjama bemerkt hatte.

»Ich habe kein Geld«, sagte ich verbittert.

»Wie bei Ausreißern üblich, bist du nicht gerade gut unterrichtet«, sagte er. »Im Eingang zu B-76 gibt es einen Ort, an dem sich alle Ausreißer mit Tricks über Wasser halten. Man kommt immer irgendwie zu Kredits.«

»Sicher habe ich davon gehört«, sagte ich mürrisch. »Es läuft aber meiner Religion zuwider.« Dann wurde mir bewußt, wie die Zeit verflog und daß ich, wenn ich keine Antwort auf sein albernes Problem fand, nach Hause zurückkehren mußte und wahrscheinlich niemals mehr eine Chance erhielt *rauszukommen* – »Hören Sie, wollen Sie nicht Ihrer Suche nachgehen?«

Erneut das verzweifelte Lachen. »Immer mit der Ruhe!« sagte er hochmütig. »Ich bin schon seit *Jahrhunderten* auf dieser Suche. Sie entspricht ohnehin einem Todesurteil.«

»Aber Ihre Kinder... Sie als abschreckendes Beispiel, in einem Schwarzen Loch...«

»Ha!«

(Natürlich! Es dämmerte mir plötzlich. Zhangif befand sich mitten drin in seinem *n'urdef*-Zyklus, strebte nach Vereinigung mit seinen Mütter-Vettern. Als Bestandteil des unfaßbaren selespridonischen Paarungsrhythmus existieren Perioden von starken manischen Depressionen, erinnerte ich mich von der Schule her.)

Ich werde niemals *rauskommen!* dachte ich grimmig.

»Laß uns Kleider für dich besorgen«, sagte Zhangif teilnahmslos.

Wir drängten uns in eine Nische, und ich bat um einen Selbstbedienungsladen mit etwas Schick. Ich wußte, daß ich nicht fähig sein würde, mich beim Verkaufspersonal angemessen zu verhalten. Ich fand sehr rasch das Richtige, und geistesabwesend drückte er für mich seinen Daumen auf den Kreditcomp.

Ich hatte etwas Konservatives ausgesucht. Keines dieser modernen, pornografischen Dinger, wo die Brüste ganz bedeckt sind, damit sie möglichst lüstern und *obszön* wirken. Ich war so altmodisch gekleidet, daß ich praktisch nackt ging.

»Guter Geschmack«, kommentierte er. »Der Unschuldige-kleine-Mädchen-Look. Es geziemt sich bei deiner Erziehung wohl nichts anderes, nehme ich an.«

Dann schaltete er auf eilig und drängend um. »Schnell, wir müssen den Sinn des Lebens finden, ich werde sterben, wenn's mir nicht gelingt. Los, Mädchen, hilf mir!« Der manische Aspekt seines Zyklus war durchgebrochen.

»Ich würde vorschlagen, wir beginnen am besten mit der Religion«, sagte ich langsam. »Das ist eine nette, primitive Sache. Ich nehme an, es gibt irgendwo in Mallwelt eine Kirche?« Ich richtete meine Frage an den rosafarbenen kleinen Mann, der plötzlich auf meiner Schulter aufgetaucht war.

»Einhundert Kathedralen, sechshundertzweiundvierzig Kapellen und ein Leseraum der Christusnahen Wissenschaft«, verkündete das Comsim blasiert. »Zu welcher davon soll ich die ehrwürdigen Herrschaften führen?«

Entschieden unterwürfiger, sobald er zu den Beherrschern der Galaxis spricht, sieh an! bemerkte ich.

»Ich denke, ich werde mit meiner eigenen beginnen«, sagte ich. »Nenn mir die Ebene des Neo-Amish-Buddhistisch-Krishnaischen-Ologismus.« (*Wir* nannten ihn zu Hause stets nur ›Das Gott-Zeug‹, aber ich wußte, daß es eine offizielle Bezeichnung dafür gab.)

»Rekreationist, Reformist oder Rekonstruktionist?«

»Ich wußte nicht, daß mehrere Sekten existieren. Die Gottesreich-Lehre, schätze ich.«

»Rekonstruktionisten. Innerste Ebene. Nehmen Sie zum Dematerialisieren die Kreuznische Drei hinunter in die Halle. Dort unten herrscht Nullgravitation. Bitte ordern Sie Magnoschuhwerk, wenn Sie sie betreten.«

Zhangif hatte sich schon auf den Weg gemacht, berstend vor Ungeduld. Ich beobachtete, wie er daherschritt, mit einer *animalischen* Dringlichkeit, die man unmöglich beschreiben kann und die ihn *ungemein* verzweifelt erscheinen ließ, hinter ihm her wogte seine violette Mähne... er war ein Gott. Und er besaß die Macht, mich zu einer Göttin zu machen. Ich begann hinter ihm herzulaufen. Daß ich meinen Weg nicht in Pyjamas erschwindeln mußte, klärte meinen Geist. Ich fühlte, daß ich einfach alles tun konnte!

Wir dematerialisierten in einem riesigen, vollkommen sphärischen Raum mit Spiegelwänden. Nur wenige Leute, doch sie alle millionenfach an den Wänden reflektiert, die Reflektionen so winzig wie kleine Puppen... ich fand die Magnos in meiner Hand und schnallte sie um meine Füße. Aufs Geratewohl faßte ich – welch unglaubliche Vermessenheit! – nach der Hand des Selespridon, und wir trieben zur Decke. Nichts Neues war an der Empfindung, außer daß man sich innerhalb einer gewaltigen, ungegliederten Schale befand und ungeheuer winzig fühlte. Ich wurde von Ehrfurcht ergriffen, sogar ein bißchen von Furcht.

WILLKOMMEN, sang eine Stimme hoch und unheimlich, IM VOLLKOMMENEN KREIS DER REKONSTRUKTIONISTISCHEN NEO-AMISH-BUDDHISTISCH-KRISHNAISCH-OLOGISTISCHEN WAHRHEIT.

»He!« flüsterte ich. »Und ich dachte, daß ich einmal in meinem Leben am Sabbat die Kirche versäume.«

»Leise. Du bist sicher, daß einem dieser Unsinn Einblick in den Sinn des Lebens gewährt?«

DER GOTTESDIENST WIRD IN KÜRZE BEGINNEN. DIE SCHWERKRAFT WIRD AUF NULL REDUZIERT... SPÜRT

DIE GEWICHTSLOSIGKEIT ALS EIN SYMBOL DES MENSCHLICHEN GEISTES UNTER DEM SCHUTZ DES GÖTTLICHEN.

Und nun brauchte ich die Schuhe wirklich. Andernfalls wäre ich fortgetrieben worden. Ich fühlte mich ein klein wenig betrunken.

In diesem Augenblick materialisierte der Patriarch von Mallwelt im Mittelpunkt der Sphäre. Ich konnte ihn recht gut erkennen, so weit weg er auch war, und er stand auf dem Kopf. Er sah genau wie Ashoka Toscanini aus, unser eigener Patriarch. Die Ähnlichkeit erschütterte mich, obwohl ich wußte, daß alle Patriarchen vom ursprünglichen Begründer unseres Glaubens geklont waren.

Er begann mit eindringlicher Stimme zu beten. Noch im selben Augenblick, als er anfing, war mir schon klar, daß dies nichts bringen würde. Die Predigt war Wort für Wort dieselbe, die ich letzte Woche über die Bösartigkeit der Selespridar gehört hatte! Jede Kleinigkeit, jede Redewendung war identisch.

»Schwindel, Schwindel, Schwindel!« flüsterte ich Zhangif weithin hörbar zu. »Und man hat es mir niemals erzählt. Der Mann ist ein Roboter oder ein Hologramm oder so etwas. Ich habe dieselbe Rede erst letzte Woche gehört, und –«

»Das ist faszinierend«, sagte der Selespridon und nahm den Blick nicht von der kleinen Gestalt. »Vielleicht, vielleicht spricht er wirklich...«

Ich hielt den Gutteil einer Stunde meinen Mund, während ein Katalog satanischer Selespridarismen heruntergeleiert wurde. Wenn Zhangif darin fand, wonach er suchte, wollte ich ihm nicht unbedingt die Illusionen rauben. Wir warteten, bis die Predigt vorbei war; die anderen waren samt und sonders schon lange vor dem Ende gegangen.

Strahlend kam der Patriarch auf uns zugetrieben. Ich war noch niemals in meinem Leben mit einem auf Spuckdistanz gewesen, und hier schwebte er nun und atmete schwer auf uns nieder.

»Eine schöne Predigt«, sagte Zhangif kläglich. »Aber...«

»Mein Kind, mein Kind, ich bin erfreut! Doch was machst du nur in diesem sündhaft ausgefallenen Kleid?«

»Vater, *er* ist –«, sagte ich hastig.

»Ganz recht, Tochter«, sagte der Patriarch. »Dir sei vergeben.«

»Nun, Sir«, sagte ich (und fuhr in Gedanken fort: *Wenn das ein Roboter ist, sind seine Stromkreise alles andere als logisch*), »vielleicht könnten Sie diesem Gentleman helfen? Er muß den Sinn des Lebens finden ...« Der Patriarch keuchte leicht auf.

»Es ist – es ist ziemlich dringend, Sir«, fügte ich hinzu.

»Ha! Noch niemals hat man mir eine *sinnvolle* Frage gestellt, seit ich dies Amt übernahm!« schrie der Schwarzgewandete, schwebte in weiten Kreisen von uns weg und wies herrisch auf die sich zurückziehende Menge. »Du weißt nicht, was das für mich bedeutet ... auf dieser dem Kommerz und Mammon hörigen Welt werden philosophische Fragen nicht mehr erörtert. Nein, nein, es ist wahrlich etwas ungemein Böses über uns gekommen, meine Kinder!«

Er kam auf uns zugetrieben. Plötzlich wurde sein Gesichtsausdruck regelrecht drohend. »Doch du suchst mich mit deinen teuflischen Fragen zu verführen, du in deiner unschuldsvollen kindlichen Nacktheit, die auf die Lügen des Satans selbst verweist – und Sie, im Mantel eines Selespridon? Mein Junge ... wir haben nicht Halloween, mußt du wissen.«

Ebenso übergangslos wurde er besorgt, väterlich. Er legte seinen Arm auf unser beider Schultern und sagte: »Hier. Nehmt dieses Band – es ist nur akustisch, tut mir leid, die Kirche ist arm, schwere Zeiten, schwere Zeiten – und hört ihm zu. Ein Viertelkredit wird automatisch abgebucht, der Raum hat eure Daumenabdrücke erfaßt. Es ist das *Karmadharmadevaphasa*, ein Epos, erschaffen von einer Inkarnation des Jesus Christus höchstselbst, nachdem er die legendäre Schlacht gegen den Apostel St. Joseph Smith geschlagen hatte. *Ihr* braucht den Sinn des Lebens nicht zu kennen. Ihr braucht geistige Führung. Wie auch immer, es sei euch vergeben – vergeben – vergeben – vergeben –«

Vater Ashoka (wie ich stets von ihm dachte) schrumpfte rasch zur Größe eines Demat-Kontrollknopfes zusammen, flackerte dann in einem fort, murmelte mit metallischer Stimme »Funktionsstörung, Funktionsstörung« und dematerialisierte schließlich vollends, um uns in dem riesigen Raum allein zu lassen.

»Überbelastet«, sagte ich.

Der Fremdweltler sagte mehr zu sich selbst als zu mir: »Nein. Nein, das ist es doch nicht ... als er zuerst über das Problem des

Bösen sprach und über die moralischen Aspekte der selespridarischen Anwesenheit, hätte ich's doch beinahe gehabt. Aber der Gedanke des *ug'unnieth*... ah, *ug'unnieth*...«

»Ja, was genau *ist* das für ein Gedanke? Ich denke, wenn Sie ihn mir erklären würden, könnte ich Ihnen womöglich besser helfen. Ich kenne mich mit den Menschen aus, aber ohne irgendeine Art der Hilfe komme ich nicht hinter Ihre überirdischen Gedanken, wissen Sie?«

»Eine breitere Grundlage«, sagte er, »universeller, irgendwie... wirklichkeitsbezogener. Verstehst du? *A'anuuk glemeshtoforsht, ang n'passmolokhian sarod*...«

»Entschuldigen Sie«, unterbrach ich. »Wenn Sie's mir auf englisch erzählen würden, glaube ich, daß ich Ihnen tatsächlich helfen könnte!«

»Tja, eben darin liegt das Problem, Kleines. Wäre es in deine rauhe Sprache übersetzbar, bräuchte ich überhaupt nicht danach zu suchen. Das ist eines seiner wichtigsten Merkmale. Aber du kannst versichert sein, daß ich's erkennen werde, wenn ich es *sehe*.«

Wir verbrachten die nächsten paar Stunden damit, verschiedene Religionen zu erforschen. Die Zen versicherten uns, daß es einen Sinn des Lebens nicht *gebe*. Ich fand, daß das eine ziemlich raffinierte Antwort war, aber der Selespridon kaufte ihnen das nicht ab. »Natürlich gibt es ihn«, sagte er. »Warum sollte ich sonst nach ihm suchen?«

Die Katholiken – bei denen wir schließlich landeten – nun, ihre Kathedrale war schon erstaunlich. Die Päpstin selbst lebte in der Nähe; eine erst kürzlich erfolgte Tagung hatte erbracht, daß die Römische Kirche stärker kommerzialisiert werden sollte, und welchen besseren Ort mochte es nach dem Bombardement Italiens auf der Alten Erde dafür geben als das größte Einkaufszentrum im Sonnensystem?

Die ganze Sache war eine Holozeiss-Projektion, eine Landschaft des Himmels, also sah man Wolken, die sich bis in die Unendlichkeit zu erstrecken schienen, und *Tausende* simulierter Chorknaben, samt und sonders mit elektronischer Sitar oder einem uralten Synthesizer ausgerüstet, sangen unentwegt wie die Engelein selbst.

Wir erhaschten eine Anzahl sich selbstentzündender Kerzen, als sie auf uns zuschossen, und er schaute sich begierig und erwartungsvoll um, während ich von den Klängen verzaubert worden sein muß. Ich hatte schon von den alten Sängern gehört, wissen Sie – Maria Callas und Donnyundmarie, das sogenannte ›Duo der Wahrheit‹ – aber ich bezweifelte, ob selbst die Klassiker schöner sein konnten ... und die Art und Weise, wie das Abbild der Päpstin, nackt wie ein unschuldiges Kind, das Christusknäblein an ihren Busen gepreßt, zart durch den Himmel schwebte, so huldvoll und Trost spendend ...

Auf Gottesreich ist alles zu ungekünstelt. Dies hier läßt einen fast an die Religion *glauben.*

»Das tut's auch nicht!« sagte Zhangif und warf seine Kerze in den ›Wirbel-Grav‹-Korridor, als wir hinaustraten.

Das Schwerefeld brachte die Kerzenflamme zum Tanzen, und sie stürzte vor uns in die Tiefe, außer Sicht.

»Es war beinahe das, was ich brauche«, fuhr er fort, »aber leider, ich erinnere mich, daß die Irdische Katholische Religion schon im Fall der Mörderin Nakulleh, die vor mir eine Suche unternahm, vom Rat als ein Beispiel für den Sinn des Lebens abgelehnt wurde ...«

»Sie meinen, Leute aus Ihrer Rasse kommen bei ihrer Suche oft in das Sonnensystem?«

»Ganz offensichtlich, Kind! Es ist nun einmal der barbarischste Ort im ganzen Universum, mit älteren Weisheiten und tiefsinnigeren Halbwahrheiten als sonst irgendwo ... ich beginne zu argwöhnen, daß der einzige Grund, weshalb der Rat dein System isoliert hält, eben darin besteht, wertvolle Grundstoffe für die Suche zu liefern –«

Das saß. Ich war wütend auf sie alle. Sie waren so schlecht, wie es der Patriarch immer von ihnen behauptete. Plötzlich verspürte ich einen blinden Zorn auf jeden Selespridon in der Galaxis. Sie *benutzten* uns. Niedrigeres Leben oder nicht, ich muße nun *raus* hier. Ich würde ihnen schon zeigen, daß ein Mensch nicht nur ein Stück Raumabfall war.

»Und?« Ich schrie beinahe. »Was soll ich nun eigentlich machen? Sie können mir nicht einmal erklären, was Sie wollen, und halten doch uns Menschen für zu dumm. Kein Wunder, daß wir nicht das mindeste von Ihren hochtrabenden ›Gedanken‹ verstehen –«

»Natürlich seid ihr zu dumm«, entgegnete er. »Ihr seid eine Rasse von Pervertierten – Mördern – Kannibalen – Verrückten!« Er bebte vor Zorn und war so wunderschön, daß ich schier zerrissen wurde von Haß und Begehren.

Wir blieben vor einer Nische stehen.

»Nun?« sagte ich.

»Ich verstehe, daß die Paarungsrituale in deinem System eine Menge *ug'unnieth* beinhalten...«

»Oh, das!« Ich war mit einemmal rot bis über die Ohren. »Äh–« (Zur Hölle, dachte ich, ich bin fortschrittlich und würde es nie mit jemandem treiben, den ich nicht mag, selbst wenn die Kirche ihn ausgewählt hätte.) »Ich habe es noch niemals gemacht, wissen Sie, ich habe keine Erfahrung in solchen Dingen.«

»Oh. Ich hoffte, du könntest es mir demonstrieren.«

»Tut mir leid, Zhangif. Mit was könnte ich Ihnen ansonsten dienen...? Erläutern Sie mir dieses *ug'unnieth* doch einmal näher.«

»Hm, eure Religionen sind ja recht nett, aber alle unaufgeklärten Kulturen verfügen über sie. Es ist schwer, das *ug'unnieth* mit eurer beschränkten Sprechweise zu umschreiben, aber vielleicht... womöglich – etwas eher Ethnisches?«

»Ah. Drogen also?« sagte ich. »Einige von uns sind der Meinung, sie könnten uns den Sinn des Lebens nahebringen...«

Und deshalb fand ich mich auf einmal an einem Ort dematerialisiert wieder, von dem ich meiner Mutter versprochen hatte, niemals auch nur einen Fuß dort hinein zu setzen. Eine wahrhafte Lasterhöhle. Ein Sündenpfuhl.

Es sah ganz wie in einem Krankenhaus aus. Ein kleines Zimmer befand sich darin, rechteckig, mit etwa einhundert Leuten vollgestopft, die in den verschiedensten Stellungen schwebten wie sich drehende Männchen, die in den freien Fall geworfen worden waren. Ich weiß nicht, wie sie es fertigbrachten, einander auszuweichen: vermutlich waren sie sich nur unterschwellig ihrer Umgebung bewußt, zumal unter dem Einfluß...

»Oh, dies ist der Schweberaum«, sagte ich in dem Glauben, daß ich weltmännisch genug geklungen hatte. (Das war nicht weiter schwer: manchmal sah der Waschraum in meiner Schule genauso aus wie dieser Raum hier.) »Wir haben sogar auf Gottesreich Schweberäume. Ich könnte mir vorstellen, daß Sie etwas brauchen, was noch ein bißchen deftiger ist.«

Ein Pärchen, in starrer Umarmung verankert, kam auf uns zugeschossen, wich dann geschickt nach unten aus und formierte sich zu einer Achterfigur um zwei in der Leere hängende Knaben, die noch zu jung waren, um hier zu sein, und deren Gesichter zu einem schuldbewußten Grinsen gefroren waren.

All diese vertrauten Anblicke ignorierend, sagte ich: »Was Sie brauchen, ist ein Mittelchen zur Bewußtseinserweiterung, aber... auch ethnisch? Dann wohl LSD.«

Wir schritten durch einen labyrinthischen ›Korridor zur Realitätssimulation‹ und trafen auf ein Spruchband, das mit verführerischer Stimme sagte: FINDEN SIE BEI UNS DEN SINN DES LEBENS!

»Hier sind wir richtig«, sagte der Selespridon in plötzlicher Aufregung.

DER KLEINE RAUM AUF DER RÜCKSEITE, BITTE...

Das purpurne Haar stand ihm zu Berge, der Fremdweltler wurde überall heftig geschüttelt, ein wilder erotischer Geruch ging von ihm aus – ich versuchte das alles zu ignorieren und sagte: »Dies dürfte nun schätzungsweise so ethnisch sein, wie Sie's noch niemals erlebt haben, Zhangif. Es stammt von der Alten Erde, wissen Sie, nichts weniger, und muß als solches unfaßbar alt sein...«

(Wie kindisch ich war! ›Unfaßbar alt?‹ Wo dieses Spezimen doch wahrscheinlich lange vor dem ersten Raumflug geboren worden war!)

Ganz bestimmt, denn die kleinen Comsims, die aus dem Raum aufgetaucht waren und uns jetzt umschwärmten, besaßen Kraushaar, Jeans und verschmutzte T-Shirts. Ihnen *entströmte* einfach jahrtausendealte Weisheit wie kleinen Apollos, Mohammeds oder Kennedys.

»Nun, Zhangif, sollen wir weitergehen?«

»Ah...« seufzte er. Wir folgten dem Schwarm in den kleinen Raum, der sich als ein antiquiertes Empfangszimmer herausstellte. Und es saß eine echte Sekretärin darin, verlieh der ganzen

Sache eine ziemlich authentische Atmosphäre. Sie sah ein *bißchen* fremdartig aus, wahrscheinlich weil sie sich in ihren Nacken einen verkümmerten Kopf hatte einpflanzen lassen.

Offensichtlich von Babylon-Fünf, dachte ich. Die reichste Kolonie, in Deimos eingegraben. Ich starrte auf den Kopf und versuchte auszurechnen, wieviel es wohl kosten mochte, selbst so einen zu bekommen.

»Was starren Sie so?« sagte sie. »Oh, das«, kicherte sie freundlich. »Das ist mein kleiner Bruder. Wissen Sie, Storkways Incorporated verpfuschte die Niederkunft, und das war alles, war sie noch retten konnten. Es verwirrt Sie? Ich finde es überhaupt nicht verwirrend. Alle hier –«

Ihre Augen wurden groß. »Sie sind – ein Selespridon!«

Sie kroch unter ihrem Schreibtisch hervor und begann ihm zu huldigen.

»Man sieht auf den ersten Blick, welcher Religion *Sie* angehören. Eine Ufologistin«, schnaubte ich. »Schauen Sie, wir haben keine Zeit, und mein Freund hier muß unbedingt den Sinn des Lebens erfahren.«

»Oh, ich bin so selig über Ihren Besuch, Sir... ein Helfer wird augenblicklich bei Ihnen sein, bitte setzen Sie sich doch...« Zwei Schwebesessel sanken von der Decke herab, und Zhangif und ich begannen uns zu entspannen. Ein männliches Paar in Kostümen der Alten Erde – einer im Geschäftsanzug, der andere in einem Kimono – kam mit zwei Spritzen zur subkutanen Injektion herein.

»Der Gebrauch von Acid ist eine sehr alte Praxis von der Erde, die Leute auf der Suche nach einem Sinn anwandten. Dort von einem Weisen eingeführt, dessen Name uns in verschiedenen Formen als Tim O'Leary, Zeus und Oscar Wilde zu Ohren kommt, war LSD ursprünglich eine überaus gefährliche organische Verbindung. Wie dem auch sei, bei unseren heutigen Reisen in die Hallen der Wahrheit werden Sie ein milderes Derivat der Verbindung verabreicht bekommen. Kein sonstiges Detail des uralten Rituals ist geändert worden...«

Sollte das hypnotisch, ritusgemäß monoton wirken – oder handelte es sich einfach um eine stumpfsinnige, langweilige Person? Ich konnte es nicht sagen. Der Raum wurde dunkel; die beiden simulierten Alten trieben drohend über Zhangifs Schwebesessel, ihre altertümlichen Gewänder glühten schwach im ultravioletten Licht (genau wie in einer alten ›Disco‹, nehme ich an). Die Empfangsdame leierte unentwegt vor sich hin, legte uns die Geschichte der Droge dar, ihre Erfahrungs- und Strukturformel, ihre Unterdrückung durch die Erdregierung während der Finsteren Zeitalter und etliche andere Tatsachen, die allen bekannt gewesen waren. Die Spritzen für die subkutane Injektion, so erfuhr ich, waren nur ein ›authentischer‹ Fetisch; die Droge selbst wurde oral verabreicht.

Es war alles sehr einschläfernd. Ich merkte, wie ich davongetrieben wurde, und die Dunkelheit wurde stärker und wärmer und angenehmer.

Zhangif schrie.

Ich sprang vom Schwebesessel hoch auf meine Füße und rief: »Schalte doch einer die Beleuchtung an!«

»Ich bin vergiftet worden, ich bin vergiftet worden…« Die Beleuchtung flammte auf, blendete mich sekundenlang.

Ich hatte sie nicht gefragt, ob die Verbindung toxisch war oder nicht. »Du bist wirklich so dumm, wie die Fremdweltler sagen«, schalt ich mich und beobachtete, wie sich der Selespridon vor Schmerzen wand, wie die drei Helfer hastig in die und jene Richtung huschten und uns schließlich allein ließen, aufgaben. Nun war ich wirklich dran. Wenn man mich verantwortlich machte für den Tod eines Selespridon…

»Rasch…«, keuchte er. »Ein Waschraum, ich muß mich übergeben oder ich werde sterben, rasch…« Ich half ihm aus seinem Schwebesessel und hielt seinen Arm. Wir kämpften uns aus dem ›Fluchtsalon‹, hinaus auf den Korridor. Er war so schwer wie irgendwas, und ich mußte ihn praktisch mit mir zerren. Ein süßlicher Geruch ging von den Stellen meines Körpers aus, mit denen ich ihn berührt hatte…

Wo befand sich hier bloß der Waschraum?

ALLES FÜR DEN GEPFLEGTEN ANDROIDEN, schrie ein Spruchband. Wir taumelten gemeinsam den Korridor entlang. Ich hätte weinen mögen, so frustriert war ich. Ich rief: »Comsim, Comsim, Mallführer, irgendwer…«

IHR HOLOGRAMM IN ZWANZIG SEKUNDEN
EIN COMPUTER-CHARAKTERINDEX IHRES GELIEBTEN

AUS EINEM FETZEN GEWEBE!

Und dann, übergangslos, völlige Finsternis und Stille. Zehn oder elf Sekunden lang... ich hielt den Atem an, spürte das Gewicht des Selespridon an meiner Schulter.

Die Beleuchtung ging an. Leute zischten vorüber, rempelten einander an wie jeder beliebige Ausreißer, schrien.

BEKANNTMACHUNG. VORÜBERGEHENDER ENERGIEAUSFALL, donnerte eine tiefe Stimme durch den Tumult. DAS NOTLICHT IST EINGESCHALTET WORDEN. BITTE BLEIBEN SIE AUF IHREN PLÄTZEN. DIE COMSIMS WERDEN IHREN PFLICHTEN IN ETWA ZWÖLF MINUTEN WIEDER NACHKOMMEN.

Ich war schockiert. Nun würden keine Spruchbänder mehr reden. Nicht eines würde noch einen Ton von sich geben. Die Leute schritten völlig benommen einher. Die Geschäfte mit optischen Signalen waren noch in Ordnung, die Leute würden sich an die Bilder und Holos erinnern und hineingehen, aber... das Gemurmel der Menschen war ohne die Maschinen anders, unheimlich. Ich hatte es niemals zuvor vernommen. Ich spürte den Fremdweltler an meiner Seite, er keuchte, die Farbe seines Gesichtes wechselte von Blau zu Stahlgrau, und ich dachte... wenn ich jetzt nicht bald einen Waschraum finde, übergibt er sich auf dem Boden, und mich würde man einsperren und befragen und nach Hause schikken und –

Da befand sich eine kleine, von Hand bedienbare Tür zu meiner Rechten...

Zu meiner großen Überraschung stand ›WASCHRAUM‹ darauf, in englisch, *geschrieben.* Ich dankte Gott, daß sie nicht auch noch die Waschräume erneuert hatten! Ich stieß die Tür auf und schob den Fremdweltler zum nächsten Entschlackungstank, umklammerte seine Hand, während er –

Minuten später war er wieder ganz sein altes, schillerndes Selbst. Wir standen im Korridor. Ich blickte ihn versonnen an. Die Geräusche von Mallwelt erklangen um uns her, nachdem der Fehler in der Versorgung behoben war.

Ich hatte es verpatzt, würde nun für immer in Mallwelt bleiben müssen wie jeder andere Ausreißer auch, und ein Kind der Korridore werden... fast fühlte ich mich schon, als hätte ich mein ganzes Leben in Mallwelt verbracht. Das Zuhause war vollkommen verblaßt.

»Tja«, sagte ich, »ich schätze, ich hab's immerhin versucht.«

Der Fremdweltler steckte wieder in seiner depressiven Phase. »Ja. Nun, in etwa einer Stunde oder so werde ich auf meine Heimatwelt zurückkehren und mich auf den Tod vorbereiten...«

»So machen Sie's denn gut.«

»Warte... bevor du gehst... darf ich dich etwas fragen?« sagte der Selespridon. »Als alle Zeichen erloschen waren, wie war es dir da möglich, den Waschraum zu finden? Ich meine, habt ihr Menschen irgendeinen Instinkt zur Selbsthilfe? Besitzt ihr einen primitiven Peilmechanismus?«

»O nein. Ich habe nur das Zeichen gelesen«, sagte ich verärgert. Ich wollte ihn nicht länger sehen. Ich wollte endlich damit beginnen, mich in Mallwelt auf die Pirsch zu begeben.

»Gelesen? Der Begriff ist ungewöhnlich. Was genau –«

»Sie meinen, Sie können nicht lesen?«

»Was ist das denn, ›lesen‹?«

»Hören Sie zu!« sagte ich und deutete auf ein oder zwei Zeichen, die dort geschrieben standen: »TANTE ABEDAH'S EINZIGARTIGE LUFTSCHUHBAHN... PSYCHISCHE PROBEN: GENEHMIGT... SIND SIE TOT? WIEDERBELEBUNG IST KEINE UNMÖGLICHKEIT!«

»...unglaublich!« sagte Zhangif.

Und dann lachte ich einfach nur und lachte und lachte. »Sie wollen damit sagen – ihr Fremdweltler mit eurer fabelhaften Technologie, mit euren galaxisbeherrschenden Kräften, mit all dem – ihr könnt nicht einmal *lesen*?« Dann kam ich drauf. »Ich *habe* Ihren ›Sinn des Lebens‹, Zhangif! Wenn das Ihren Rat nicht überzeugt, dann gibt es auch sonst nichts!« Und ich zerrte an seinem Arm. Er folgte mir, noch immer niedergeschlagen, und ich winkte einem rosafarbenen Comsim.

»Ein Buchladen«, sagte ich. Jetzt wußte ich, wie man die Sachen um einen herum orderte; ich war nicht mehr das ängstliche kleine Mädchen von vor ein paar Stunden! »Ich nehme an, du wirst mir nun erzählen wollen, daß es viertausend davon in Mallwelt gibt.«

»Bedauerlicherweise keinen einzigen, Miß«, sagte das Comsim und ließ sich auf meiner Schulter nieder.

»Was willst du damit sagen?« Mein Herz schlug lautstark. Nachdem ich nun das Rätsel der Fremdweltler gelöst hatte...

»Vielleicht finden Sie in einem der Antiquitätenläden auf Ebene A-1 ein Buch. Das ist die älteste Ebene in Mallwelt, müssen Sie wissen...«

Und wir machten uns auf.

Er war kaum größer als eine Kabine, zum Bersten gefüllt mit Haufen von altem Trödel, die überall in buntem Durcheinander aufgetürmt waren, und ein schmächtiger Mann kümmerte sich um alles. »Was wünschst du, Kind? Dies ist nur für Museumssammler... oh, entschuldigen Sie vielmals, Sir«, sagte er, als der Selespridon mir ins Innere folgte.

»Ein Wörterbuch«, sagte ich.

Der alte Mann blickte mich an, über die Maßen bestürzt, dann strahlend. »Mein liebes Mädchen...!« stammelte er. Und schließlich zog er ein richtiges *Buch* hervor. »Es ist ein echtes, aus dem einundzwanzigsten Jahrhundert stammendes *Shorter Oxford English Dictionary*, Herrschaften«, sagte er. »Es wird einen wundervollen Türanschlag abgeben oder eine Zierde auf dem Teetisch oder –«

»Ich nehme es«, sagte ich rasch, und Zhangif drückte feierlich seinen Daumen auf den Zahlcomp. Ich hob das Ding auf... es war sehr schwer... und schlug unter dem Stichwort *Leben* nach.

»Sehen Sie doch«, sagte ich... Zhangif spähte über meine Schulter, verblüfft. »LEBEN: der Zustand oder das Merkmal des Lebendigseins, Lebens. Gegenteil von Tod.« Ich las die vollständige Definition vor und fügte hinzu: »Und dieses Ding enthält auch den Sinn jedes anderen Wortes, das es sonst noch gibt.«

»Erstaunlich!« rief Zhangif. »Wie geht das vor sich? Telepathie? Kasteiung des Fleisches?«

»Nein, nein, Unsinn... diese kleinen Zeichen hier stellen *Wörter* dar. Vor langer Zeit einmal konnte jeder lesen. Aber dann erfanden sie etwas, das sie Television nannten, dann etwas, das sie Holovision nannten, und nun lernen es nur noch wir Leute aus dem Bibelgebiet... es ist dort das einzige Verfahren, um Wissen weiterzugeben, stellen Sie sich vor!«

Zhangif nahm das Buch an sich und blätterte es durch.

»Sie halten es verkehrt herum«, sagte ich lachend.

»Nun«, sagte er, »das ist zweifellos neu. Vergessene Künste der Alten, mein Wort... unleugbar ethnisch... ritueller Fetisch... Kristallisation des Universellen in Form von auf Papier festgehaltener Symbolik – Kleines, du hast mir das Leben gerettet.«

»Sie kaufen es?«

»Mein Mädchen, dies ist reinstes *ug'unnieth*! Meine Lebensgeister regen sich bereits wieder. Du hast dir deine Reise zu den Sternen verdient...«, und er verfiel in sein hyperaktives Stadium, und ich mußte rennen, um mit ihm Schritt zu halten, den Korridor entlang und in die Dematerialisationsnische und durch die Luftrutsche und zum Autohafen und...

»Schließe deine Augen.«

Ich verspürte Bewegung. Ich saß festgeschnallt in einem Auto von fremder Bauart, wo sich alles am falschen Ort befand. Ich schloß sacht meine Augen. Ich war glücklich, nicht nur weil ich *rauskam,* sondern auch weil ich es besser gewußt hatte als die Fremdweltler, ich hatte einen kleinen intellektuellen Sieg errungen...

Wir beschleunigten. »Nun öffne sie«, sagte er leise.

Ich tat es. Sein Geruch war stärker geworden, so ungemein verführerisch. Ich hoffte, daß er es aushalten würde, bis wir seine Welt erreicht hatten.

Ich blickte auf den Bildschirm und sah – und sah –

Wie konnte es nur dermaßen viele davon geben?

Die Sterne waren überall, ich hätte unter verrücktem Gelächter sterben mögen und konnte einfach nicht glauben, daß es etwas so Schönes gab... und das geschah *mir,* Zoe McOmar, einem kleinen dorftrotteligen Teenager von Nirgendwo!

Es war wirklich *toll.*

Aus dem Amerikanischen übersetzt von Michael Nagula

Peter K. Spies

Triebe wie Glas

Der Wohnautomat registrierte den Wechsel der Schwingung zum Alpharhythmus. Das bedeutete, daß der Benutzer zu erwachen begann. Also veranlaßte der Automat, daß das Material seiner Fensterscheibe den Lichtbrechungsfaktor änderte bis zur völligen Transparenz.

Fahler Schein, wie bei leichtem Nebel, strömte in die Kabine und vertrieb den letzten Schlaf aus Hesters Geist. Der Junge öffnete die Augen.

Er erkannte die plastische moosgrüne Innenfläche seines kubischen Zimmers. Er nahm die Ausstülpung der Liege unter sich wahr, die noch schwach im Schlafrhythmus pulsierte. Er sah den Bildschirm und die Tastatur des Instruktors neben der dunklen Öffnung der Tür.

Hester wandte den Kopf nach links zum Fenster. Draußen: Das übliche blasse Licht des Morgens; die noch undeutlichen Silhouetten der maiskolbengleichen Wohntürme.

Plötzlich fiel ihm ein, daß heute der dreizehnte Jahrestag seiner und Eschas Entstehung war, und Freude begann ihn zu erfüllen. Bevor diesem Zustand durch passende Veränderung der Drüsensekretion entgegengewirkt werden konnte, war Hester vom Bett gesprungen!

Die Konturliege verlor, nun unbelastet, ihre flache, langgestreckte Form und verfloß langsam mit dem Boden und einem Stückchen Wand. So kehrte der Wohnautomat zur gliederungslosen Normstellung zurück und war nun wie immer bereit für die üblichen Aufgaben.

Weniger alltäglich erschien dagegen Hesters Art und Weise aufzustehen. Mit kräftigem Abstoß vom Rand der Liege hatte er versucht, die Zimmerdecke zu erreichen, was ihm auch gelungen war.

Dabei hatte er sich allerdings gehörig strecken müssen. So sehr, daß mit einem leisen schmatzenden Geräusch sich in der Mitte seiner Brust ein spannenlanger, senkrechter Riß auftat: Rosaweiß inmitten von Blau! Hester fühlte keinen Schmerz; nur einen schwachen Luftzug. Trotzdem stürzte ihn das Ereignis in Todesangst. Zitternd und handlungsunfähig sank er in die Knie, wo sein Sprung ihn abgesetzt hatte.

Da aber weiter nichts geschah und Hester wider seine feste Erwartung am Leben blieb, klang seine Panik ab. Dennoch achtete er darauf, sich so vorsichtig wie möglich zu bewegen, als er Hand vor Hand zum Instruktor kroch, jenem kleinen Stadtcomputer-Terminal, das neben der Tür in die Wand eingelassen war.

Atemlos und voller Hast betätigte Hester die Tastatur und beschrieb in kurzen Sätzen das Geschehene. Der Bildschirm erhellte sich, und der Junge erfuhr zum erstenmal von der Existenz der ›Zweite-Haut-Anzüge‹, die er zunächst nicht im mindesten mit seinem Unfall in Zusammenhang bringen konnte.

ANZUG, TYP: ZWEITE HAUT
MATERIAL: SELBSTATMENDES, SELBSTREINIGENDES, SELBSTREGENERIERENDES SYNTHOBIOPLAST
VERWENDUNGSZWECK: TAGESBEDARF (s. a.: SPEZ. AUSRÜSTUNGEN)
KURZBESCHREIBUNG: der anzug, typ zweite haut, umschließt den körper des trägers vollständig und vermeidet so jeden direkten kontakt mit der umwelt, ohne dabei sinnestätigkeit, atmung und nahrungsaufnahme zu behindern. die abfallprodukte des menschlichen körpers werden auf biochemischem wege beseitigt und dem eigenhaushalt des anzugs zugeführt.
gleichzeitig dient der vorrat dazu, durch psychochemische steuerung jederzeit auch das seelische wohlbefinden des trägers zu gewährleisten.
AUSFÜHRUNG: IN DEN FARBEN DES SPEKTRUMS (JE NACH BERUFSZUGEHÖRIGKEIT)
SPEZIELLE AUSRÜSTUNGEN: FÜR KÖRPERLICH BEHINDERTE, WIE:
a) MECHANISCH GEHBEHINDERTE
b) VERKRÜPPELTE
c) TEILGELÄHMTE
usw.

Hier folgten eine längere Aufzählung und weitere Überschriften mit näheren Spezifikationen. Hester überflog all das bis zu einer Stelle, wo es hieß:

ANLEGEN: von der linken schläfe über das kinn, dann in der mitte der körpervorderseite weiterlaufend, trennt sich die hauptnaht in nabelhöhe dreiecksförmig in die beiden bis zu den knien reichenden beinnähte.

zum anlegen steigt man zuerst in die verstärkten fuß- und unterschenkelteile, zieht dann den anzug hinter sich hoch und legt den kopfteil außer dessen linker seite an. nun schlüpft man in die beiden armteile. wenn das geschehen ist, können die beinnähte und anschließend die hauptnaht zur körpermitte hin durch einfaches zusammenpressen der ränder geschlossen werden. auf luftblasen braucht nicht geachtet zu werden, da der anzug einschlüsse jeder art selbsttätig beseitigt und auch jede bewegung des trägers ohne faltenbildung mitmacht.

ABLEGEN: das ablegen im falle einer beschädigung vollzieht sich in umgekehrter reihenfolge, wobei man damit beginnt, das anzugsmaterial in schulterhöhe so lange seitlich zu dehnen, bis sich die naht öffnet.

Hester war überwältigt! Schon dabei, die Nahtränder wieder zusammenzudrücken, wurde ihm die Tragweite seiner Entdekkung erst recht bewußt.

Nie hätte er vermutet, daß er noch Kleidung trug; etwas, das nicht zu seinem Körper, zu ihm gehörte. Daß nicht seine Haut war, was er alle Tage zur Schau stellte. Anzüge kannte er zwar, doch nur von Ausflügen in die schwarze Zone.

Ihm wurde wieder einmal klar, wie wenig er von sich selbst wußte. Dies war der große Nachteil des Instruktorensystems: Man konnte nur Fragen stellen, wenn man wenigstens ahnte, wonach!

Nun allerdings besaß Hester wieder ein ganzes Bündel von Fragen. Sie waren ein kostbarer Besitz, den er nicht leichtfertig vergeben durfte. Er nahm sich vor, sie eine nach der anderen dem Instruktor vorzulegen und die Antworten ausgiebig zu genießen. Zuvor aber wollte er versuchen, vielleicht einige der Rätsel selbst zu lösen.

In diesem Moment war die Neugier stärker als die etwas

schwerfällige psychochemische Steuerung des Anzugs, die das seelische Gleichgewicht aufrechterhalten sollte. Hester zerrte die Ränder des entstandenen Risses wieder weiter auseinander.

Der Junge hatte die Nähte vollständig geöffnet und gerade festgestellt, daß seine Körperoberfläche stärker untergliedert war als die des Anzugs. Da rief ihn ein leiser Gongschlag zur Mahlzeit.

Zögernd und widerwillig schloß Hester die Nähte. Plötzlich kam er sich behindert, sogar eingesperrt vor. Obwohl die Instruktionen, wie eben gelesen, das Gegenteil behaupteten, hatte er sich gerade anders gefühlt; neue Eindrücke erlebt, die die Kleidung offenbar unterdrückte.

Ehe er sein Zimmer verließ, schaltete der Junge den Instruktor ab. Durch einen schleusenartigen, dunklen Korridor betrat er die nächste Lebenszelle, die, abgesehen von ihrer gelben Farbe, der seinen bis ins Detail glich.

Außerdem waren hier natürlich Bodenteile als Tisch und Stühle ausgefahren, und Hesters Eltern warteten mit der Mahlzeit auf ihn. Hester betrachtete sie – und ihre Anzüge – mit neuen Augen.

Beide trugen Gelb in einem Farbton, der dem dieser Gemeinschaftszelle ähnelte, so daß sie in ihrer üblichen Starrheit wirkten, als gehörten sie zum Inventar. Wie sie wohl darunter aussehen mochten?

Schon im Äußeren bestanden oft gravierende Unterschiede zwischen manchen Personen. Hester hatte erfahren, daß dies damit zusammenhing, daß die gesamte Menschheit quer durch alle Berufsgruppen in zwei Klassen unterteilt war: Männer und Frauen.

Wozu? Diese Information unterlag leider einem Tabu. Wie manche, zum Glück seltene, aber von außen nicht zu durchschauende Problemkreise.

Im übrigen sollten tatsächlich auch die Kinder in die besagten Klassen gespalten sein, wiewohl hier keine äußeren Unterschiede zu bemerken waren.

Hester hegte trotz gegenteiliger Informationen sogar den Verdacht, daß Kinder überhaupt keine Menschen waren. Vorläufig mußte er als gegeben hinnehmen, daß er der männlichen Kategorie angehörte und Escha der weiblichen.

Vielleicht ließ sich nach Ablegen der Zweite-Haut-Anzüge ein

Unterschied feststellen! Diese Frage interessierte den Jungen brennend. Trotzdem wäre er nie auf den Gedanken gekommen, sie jetzt und noch dazu seinen Eltern zu stellen.

Für Informationen war der Instruktor zuständig. Ganz abgesehen davon, daß Essenszeit war. Dreizehn Jahre strenger Tageseinteilung hinderten Hester auch in diesem Fall, die Gewohnheiten zu durchbrechen.

Er hatte auf dem freien dritten Hocker Platz genommen, der etwas höher war als die anderen, um Hesters geringe Größe auszugleichen. Bevor er sich der Mahlzeit zuwandte, grüßte der Junge traditionsgemäß seine Eltern durch Kopfnicken.

Während er aß und trank, rekapitulierte er aus der Stimmung heraus, was er über sie wußte. Eltern: Das waren Menschen, die Kinder auszustellen hatten, da es von diesen nur noch wenige gab.

Und sich bestaunen zu lassen war die Aufgabe jener Kinder und damit auch die Hesters. Weitere Fakten schienen hierzu nicht zu existieren, und der Junge erwartete auch keine.

Wichtiger war ihm, daß er heute am Jahrestag frei hatte. Nicht, daß es eine große Anstrengung gewesen wäre, sich ausstellen zu lassen, aber man mußte eben immer zur Verfügung stehen.

Hester durfte sein Zimmer nicht verlassen, und das konnte trotz der unerschöpflichen Wissensquelle des Instruktors recht langweilig sein. Interessante Besucher kamen nur selten.

»Was tust du heute?«

Hester hielt seine Eltern nach Größe und Gestalt auseinander. Ihre Namen zu erfahren hatte er sich nie die Mühe gemacht. Wozu auch? Die rundlichere kleinere Person – das war die Frau – hatte gefragt. Sie sprach im allgemeinen öfter als der Mann.

Der Junge antwortete ohne Zögern:

»Ich werde Escha besuchen.«

Aber das war ein Einfall des Augenblicks. Er hätte ebensogut behaupten können:

»Ich werde durch die Wand gehen und nicht mehr hervorkommen.« Seine Eltern hörten nämlich gar nicht zu, wie Hester schon vor langem herausgefunden hatte. Die Frage war also reine Gewohnheit, fast ein Ritual. Auch sonst blieb die Mahlzeit im Rahmen des Üblichen.

Hester beeilte sich, die buntgefärbte, geschmacksarme Synthetiknahrung einzunehmen, die, laut Instruktor, genau auf die Bedürfnisse des Menschen abgestellt, gerade den Tagesbedarf deckte.

Die Idee mit Escha hatte sich inzwischen festgesetzt. Es war das einzige Kind, das Hester persönlich kannte, und er brannte jetzt darauf, seine neuen Entdeckungen jemandem mitzuteilen.

Bald hatte Hester den letzten schalen Bissen geschluckt. Er verabschiedete sich schnell durch erneutes Kopfnicken von seinen Eltern und glitt vom Hocker, der, seiner Aufgabe ledig, im Boden versank. Lange bevor sich dieser wieder geglättet hatte, war Hester schon aus dem gelben Zimmer verschwunden.

Er ging nicht zurück in seine Kabine, sondern gleich in entgegengesetzter Richtung durch einen weiteren Kurzkorridor zum roten Raum, der als einziger der elterlichen Wohnung kein Fenster, dafür aber drei Türen besaß.

Die geradeaus weiterführte, bildete den Zugang zu den Kabinen der Eltern. Hester wandte sich jedoch nach rechts, wo sich ein weiterer Flur vor ihm öffnete, diesmal einige Meter lang, durch den er den großen zentralen Schacht des Antigravitationslifts erreichte.

Dieser war wie immer hell erleuchtet, aber von graugelbem Nebel erfüllt, damit empfindsame Naturen nicht etwa in Panik gerieten, wenn sie den Boden bis zu 125 Metern unter sich erblickten.

Der Junge sprang kräftig ab, so daß ihn sein Schwung, von den Aufzugsfeldern gebremst, noch bis zur Mitte des Schachtes trug, denn nur hier im Zentrum ging es abwärts. Entlang der zylindrischen Wand aber arbeitete das Feld mit nach oben gerichtetem Vektor.

Sacht glitt Hester durch den Nebel, der gerade so dicht war, daß er die Zugänge nicht verbarg. Viel zu gering erschien dem Jungen die Sinkgeschwindigkeit!

Er dachte jetzt nur an Escha: Gleich ihm am Tage der schwarzen Explosion entstanden, wie man sagte. Sie beide waren die jüngsten Einwohner der Stadt, doch nicht nur wegen der besagten Katastrophe.

Laut Instruktor hatte die Zahl der Kinder schon zehn Jahre zuvor immer stärker abgenommen. Die genauen Umstände dieses

Vorgangs, der Entstehung von Kindern überhaupt, konnte Hester allerdings nicht erfahren, da sie tabuisiert waren.

Immerhin schien ›Kind‹ der einzige Berufsstand zu sein, der gelegentlich Zuwachs erhielt oder erhalten hatte. Alle anderen waren mit Vorrücken der dunklen Zone immer ärmer an Mitgliedern geworden. Trotzdem gab es von allen Kinder am wenigsten.

Was hatten sie wohl früher getan, als sie mehr gewesen waren? Sicher konnte es kaum nötig gewesen sein, sie auszustellen. Und ihre Verwalter, die Eltern: Hatten sie damals schon existiert? Es erschien Hester unwahrscheinlich.

Sanft wurde der Junge auf der Schachtsohle abgesetzt und verließ nachdenklich den Wohnturm durch einen der vielen sternförmig ausstrahlenden Korridore. Als er dann ins Freie trat, galt sein erster Blick dem unglaublichen Blau des Himmels senkrecht über den Dächern der Türme. Für Hester war es die schönste Farbe überhaupt.

Hier, mitten in der Stadt, wo das Gesichtsfeld nach allen Seiten von den Bienenstöcken der Wohngebäude begrenzt wurde, wirkte das Blau am reinsten. Am Stadtrand jedoch sah man, je tiefer man den Blick senkte, wie es in milchiges Grau und schließlich in das glasige Schwarz der dunklen Zone überging, von der die Stadt eingeschlossen wurde.

Exakt am Gegenpol des Planeten hatte, laut Instruktor, der Prozeß begonnen, rekapitulierte der Junge. Wie immer in solchen Fällen, drängte alles vom Lerngerät angenommene Wissen zugleich in sein Bewußtsein.

Eine Zone der Veränderung, deren Natur bis zur Gegenwart ungeklärt geblieben war, hatte sich zunächst explosionsartig, dann immer langsamer ausgebreitet und dabei pro Jahr zwei Drittel der je verbleibenden Fläche verschlungen, bis heute, nach genau dreizehn Jahren, nur noch die Stadt frei war.

Sie stand im Mittelpunkt eines immer kleiner werdenden Gebietes normaler Landschaft von momentan noch etwa siebzehn Kilometern Durchmesser, wie Hester wußte. Alles um sie her lag in einer Erstarrung, die selbst das Licht beeinflußte, wenn sie auch nicht total war.

Man konnte die sogenannte schwarze Zone noch betreten und sich in ihr bewegen, doch bot die Luft kaum weniger Widerstand als Wasser und war nur mit Mühe zu atmen, weswegen für gewöhnlich Hilfsgeräte verwendet wurden. Abgesehen davon war es unumgänglich, die Zone vor Ablauf einer Stunde zu verlassen, wollte man dem Erstarrungsprozeß nicht doch unterliegen.

Bis in welche Höhe sich das Phänomen erstreckte, hatte übrigens nie genau festgestellt werden können. Aus frühen Flugversuchen war nur bekannt, daß sie in vierzig bis fünfzig Kilometern Höhe zwar unsichtbar, aber sehr wohl wirksam war.

Nun, Anfang des Jahres 14 nach der Katastrophe, rückte die schwarze Zone gerade noch rund 12,75 Meter pro Tag vor. Aber keiner der noch lebenden Menschen ließ sich dadurch zu irgendwelchen Hoffnungen anregen.

Hester hatte sich alles genau gemerkt. Nicht zuletzt deshalb, weil ihm von manchen seiner Besucher versichert worden war, er werde womöglich das Ende noch erleben. Man hatte ja die Verzögerung von Anfang an zu berechnen und graphisch darzustellen versucht. Der dabei ermittelte Verlauf der Geschwindigkeitskurve entsprach dem einer Hyperbel.

Das bedeutete in der Praxis, daß die Schnelligkeit, mit der die Zone sich weiterfraß, immer weiter abnehmen, doch nie gleich Null sein würde. Die dunkle Wand käme also nie zum Stillstand, sondern rückte nur je weiter, um so langsamer vor, bis schließlich irgendwann nicht einmal mehr Platz zum Stehen für einen einzigen Menschen sein würde.

Das Existenzminimum jenes hypothetischen Letzten wäre natürlich schon lange zuvor unterschritten.

Als dies vor acht Jahren, in einer Zeit, an die sich Hester selbst kaum noch erinnern konnte, allgemein bekanntgeworden war, hatte sich die Zahl derer, die vor der Zone flohen, rasch verringert. Nicht zuletzt deshalb, weil infolge solchen Verhaltens das Dasein in den noch nicht betroffenen Gebieten wegen Übervölkerung schwerlich mehr als lebenswert bezeichnet werden konnte.

Seither war es üblich geworden, sich von der schwarzen Zone einholen zu lassen. Zu fliehen aber oder auch sich vorzeitig hineinzubegeben, galt als falsch.

Hester versuchte, all diese interessanten und doch bedrückenden Probleme und Tatsachen wieder aus seinen Gedanken zu vertreiben, indem er sich auf seine Umgebung konzentrierte. Das Rekapitulieren, mit dem Instruktor oft geübt, war ihm nämlich so in Fleisch und Blut übergegangen, daß es sich nur schwer unterbrechen ließ, selbst wenn es ihm, wie jetzt, lästig fiel.

Da er aber im Freien war, wohin er nur selten kam, hatte der Junge es auch nicht mehr ganz so eilig. Sicher, er konnte vom Fenster seiner Lebenszelle aus die in den dunklen Tönen aller Spektralfarben gehaltenen fünfzig Stockwerke hohen Wohntürme sehen. Das Spiel des Lichts in ihren lilabraun schillernden Einwegglas-Fensterscheiben. Aber es war nicht dasselbe, wie ihren orangenhäutig porösen, öligen Plastikbaustoff mit den Fingerspitzen zu befühlen oder sich in die Zwischenräume ihrer Zugangskorridore zu drücken und die feine Vibration ihrer Wohnmaschinenaggregate durch den ganzen Körper rieseln zu spüren.

Eine Sirene erklang von fern, und alles andere verschwand aus Hesters Bewußtsein. Denn dies war das Zeichen für den Beginn der täglichen Progressionsvermessung der schwarzen Wand: Ein Vorgang, der den Jungen immer wieder faszinierte. Also lief er zum Stadtrand, wo die Wissenschaftler ihre Geräte installiert hatten.

Schon vor Jahren – Hester hatte es selbst beobachten können – war in eine der bis dahin nutzlos gewordenen Ausfallstraßen eine Magnetschiene verlegt worden. Darauf lief seither ein kleiner Wagen, der nur einen Präzisionsspiegel trug. Links der Schiene, wo sie zwischen den ersten Häusern ihren Anfang nahm, hatte man einen Laserstrahlgenerator aufgestellt. Er war ebenso, wie die hochempfindliche Photozelle gegenüber zur Rechten, drehbar gelagert.

Allein der Anblick der Apparaturen veranlaßte Hester wieder zum Memorieren des ganzen Themenkomplexes. Der Junge erinnerte sich: Diese Photozelle reagierte auf kleinste Helligkeitsschwankungen und war mit einer Nachführ-Automatik, die auch das Generatorlager kontrollierte, so gekoppelt, daß der Laserstrahl, vom Präzisionsspiegel auf der Magnetbahn reflektiert, immer genau auf die Photozelle traf, auch wenn das Wägelchen sich auf seiner Schiene fortbewegte.

Der Generator sandte in Abständen von Nanosekunden Lichtimpulse ebenso kurzer Dauer aus. Sie wurden von der Photozelle registriert, und eine atomare Meßuhr, angeschlossen an Zelle und

Generator, stellte die Laufzeit des jeweiligen Impulses fest. Aus diesen Daten und aus der auf unzählige Kommastellen bekannten Größe der Lichtgeschwindigkeit konnte man die jeweilige Entfernung des Wägelchens von den Apparaturen höchst exakt errechnen.

Geriet nun also das Gefährt mit dem Spiegel auf seiner Bahn in den Bereich der schwarzen Zone, so schwächte diese das Licht des Lasers so stark, daß die Photozelle darauf reagierte. Die letzte Impulslaufzeit-Angabe vor der Veränderung wurde dann verwendet, um die Entfernung der entarteten Zone von den Apparaturen und damit vom Stadtrand festzustellen.

Die Wissenschaftler führten diese Messungen jeden Tag zur gleichen Zeit durch, verglichen die Werte und erhielten so auch Angaben über die Vorrückgeschwindigkeit des verhängnisvollen Phänomens.

Aber die hieran arbeitenden Leute bildeten nur die eine Gruppe von Forschern, die sich mit der schwarzen Zone beschäftigte. Eine zweite hatte die Aufgabe, etwas über die Natur dieser Erscheinung herauszufinden, um sie womöglich bekämpfen zu können.

Schon früher waren alle erdenklichen Versuche unternommen worden, sich gegen den unheilvollen Einfluß zu schützen. Doch nichts, weder irgendein fester Stoff noch ein elektrisches, magnetisches oder gravitatorisches Feld oder eine Mischung aus den dreien hatte sich als geeignet erwiesen, die schwarze Zone einzudämmen.

Im Grunde herrschte völlige Unklarheit über die Natur des Phänomens. Dafür kursierten wilde Vermutungen, die Hester von Besuchern erfuhr. Er nahm sie ebenso ernst wie irgendeinen Kernsatz aus dem Lerngerät.

Soweit sich der Junge erinnern konnte, lautete die gängige Hypothese, daß es sich bei der schwarzen Zone um eine Interferenz zweier gleichstarker Zeitfelder handle. Dies angenommen, war es also nötig, das eigene Feld zu verstärken und das fremde zu überlagern, um den alten Zustand wiederherzustellen.

Auf welche Weise man das allerdings bewerkstelligen sollte, konnte selbst der Instruktor nicht beantworten.

Der Junge beobachtete aufmerksam alle Handgriffe, die die Menschen in den weißen Zweite-Haut-Anzügen – Kennzeichen der Wissenschaftler – ausführten. Es erschien ihm selbst plötzlich unbegreiflich, daß er sich noch gestern keine Gedanken gemacht hatte, wieso verschiedene Leute verschieden gefärbt waren. Und das, obwohl ihm Kleidung bereits ein Begriff war!

Außerdem widmete er seit seinen Überlegungen während der Mahlzeit der Mann-Frau-Einteilung mehr Aufmerksamkeit als zuvor. Doch auch jetzt konnte er keine weiteren Unterschiede als die des Aussehens feststellen.

Schließlich wandte er sich ab. Die blitzenden Apparate, den roten Laserstrahl, die Magnetbahn, die nervösen Wissenschaftler, all das kannte Hester. Auch wenn er nur selten Gelegenheit gehabt hatte, es zu sehen. Aber er selbst, sein Körper: das war neu und weckte seine Wißbegier!

Hester verließ die Meßstelle, noch bevor das Ergebnis des Tages feststand. Escha beherrschte wieder seine Gedanken, und er rannte, um ihr so bald wie möglich seine neuen Erkenntnisse mitzuteilen.

Aufregung und Atemlosigkeit des Laufes legten sich zwar während der Liftfahrt zu Eschas Wohnung durch die Einwirkung chemischer Mittel aus dem Fundus seines Anzugs. Die Psychosteuerung hatte bald das angestrebte behagliche Mittelmaß aller Werte erzeugt.

Noch schneller aber verging es wieder, als Hester in Eschas Kabine trat und sein Mitkind mit frischer Aufmerksamkeit betrachtete.

Ihr Anzug war natürlich hellblau wie der seine, aber sonst schien ihm, als sähe er plötzlich eine Fremde.

Ihr Körper war anscheinend breiter gebaut als der seine. Zumindest wirkte er stärker gerundet. Gab es doch Anzeichen für Eschas Zugehörigkeit zur Kategorie der Frauen?

Sie kniete vor dem Instruktor, dessen Schirm sie aufmerksam studierte. Hester konnte nicht erkennen, was sie sah. Es war ihm auch gleichgültig. Nichts konnte wichtiger sein als seine Neuigkeiten!

»Escha!«

Sie blickte erfreut auf, als sie ihn bemerkte.

»Hallo!« grüßte sie und drehte sich halb herum, um ihm Platz zu machen.

»Schalt das aus! Ich weiß etwas Neues!«

Hester brachte es kaum hervor. Die Luft schien auf einmal so trocken. Er schluckte und reichte Escha die Hand. Sie schaltete das Lerngerät bereitwillig ab, während sie sich aufhelfen ließ.

»Ich habe etwas entdeckt!« verkündete Hester mit jetzt festerer Stimme. »Du kennst doch Anzüge – Kleidung!«

Escha nickte nur leicht, angesteckt von der offensichtlichen Nervosität des Jungen.

»Denk daran, was du von Anzügen weißt«, befahl Hester schnell, »und hab keine Angst!«

Er zögerte kurz. Dann öffnete er seine zweite Haut, wie er es im Instruktor gelesen hatte, indem er die Fingerspitzen gegen die Brust preßte und seitlich auseinanderzog. Ein langer Spalt klaffte auf: Rosaweiß inmitten von Blau, wie am Morgen.

Escha zuckte zusammen und trat erschreckt einen Schritt zurück, während Hester die Naht weiter öffnete und den linken Kopfteil herunterklappte. Ihr Mund öffnete sich zu einem stillen Ausdruck des Erstaunens, als Hester die dünne Folie von den dunklen Lippen schälte, von den wimperlosen Augenlidern, die sofort zu schlagen begannen, da der Anzugstoff, der sie ersetzte, fehlte.

Als die Ohrmuscheln sichtbar wurden, der ganze kahle Kopf, hatte Escha sich gefangen. Sie musterte Hester mit demselben Interesse, als sei er ein Instruktorlehrprogramm. Weitere am Anzug nicht sichtbar gewesene Einzelheiten waren inzwischen aufgetaucht: Brustwarzen und Nabel.

Nachdem er die Hälfte seiner zweiten Haut abgestreift hatte, hielt Hester es nicht länger aus. Die Neugier wurde zu groß. Er trat zu Escha heran, die atemlos stillhielt, bis auch ihr Kopf frei war.

Dann führte sie die gleichen Handgriffe aus, die der Junge ihr vormachte. Gegenseitig schälten sie sich aus den Anzügen, bis diese wie alte Schlangenhäute zu ihren Füßen lagen.

Füßen, die Zehen besaßen! Doch war das nur eines unter vielen Wundern. Fasziniert standen die Kinder einander gegenüber, betrachteten sich und stellten die Unterschiede fest.

Schließlich hoben sie die Arme und legten die Fingerspitzen aneinander. Ein Schaudern durchlief Hesters Körper. Er zitterte wie am Morgen, aber nicht vor Todesangst!

Hester wußte es nicht einzuordnen, denn es war ein völlig neues Gefühl. Escha schien es genauso zu empfinden. Ihre braunen Augen waren weit geöffnet, staunend.

In einer Mischung aus Tasten und Streicheln bewegten sie ihre Hände weiter, entlang der Arme über die Schultern zum Hals, zum Gesicht. Überall dieselbe weiche, samtglatte Haut, aber nicht kühl, wie die Oberfläche der Anzüge, sondern warm und lebendig.

Ein Geräusch wie von heftigem Atemholen erklang hinter Hester, und er fuhr herum. Eschas Eltern standen in der Türöffnung: Nacktes Entsetzen in den Gesichtern! Sie stürzten vor und trennten die verblüfften Kinder. Ohne ein Wort zu sprechen, machten sie Hester klar, daß er schleunigst seinen Anzug anzulegen und dann zu verschwinden habe.

Wie in Trance gehorchte der Junge. Er überwand die Entfernung von Eschas Wohnturm zu seinem, ohne es überhaupt wahrzunehmen. Zu Hause wurde er schon erwartet. Gleichfalls wortlos führten hier die Eltern Hester in seine Kabine und schlossen ihn ein.

Es war eine vollkommen neue und schreckliche Erfahrung, die beruhigende dunkle Öffnung neben dem Instruktorpaneel verschwinden zu sehen. In Hesters frühesten Kindertagen hatte ihn Trost in Gestalt seiner Mutter immer durch diese Tür erreicht. Später genügte ihr bloßer Anblick, das Wissen um die Möglichkeit einer, wenn auch spärlichen, Kommunikation, zur Beruhigung.

Nun, da der Junge davon abgeschnitten war, bemerkte er erst, was sie ihm bedeutet hatte. Nur dumpfes Nichtverstehen der Ursache des Unglücks erfüllte den Jungen, wiewohl seine Betäubung zum großen Teil auch von den Chemikalien des Anzugs herrührte.

Angestrengt wirkte nämlich die psychochemische Steuerung Hesters seelischem Aufruhr entgegen. Dem schrecklichen Gefühl des Verlusts, dem nie gekannten brennenden Verlangen, zu Escha zurückzukehren, ihre Nähe zu spüren, die Berührung und Wärme!

Langsam nur gewann die Anzugchemie die Oberhand; ließ selbst die Erinnerung verblassen. Als aber Hester dies bemerkte und den Grund dafür erkannte, riß er sich eilig und voller Wut die zweite Haut vom Körper. Immerhin erhielt er mit seinen Gefühlen auch ein wenig kalte Überlegung zurück.

Was war eigentlich geschehen?

Eine schreckliche Vermutung drängte sich Hester auf. Rasch tippte er eine Frage auf dem Eingabepult des Instruktors, und in Sekundenschnelle erschien die vernichtende Antwort:

TABUS: DAS ABLEGEN DES ANZUGS, TYP ZWEITE HAUT, IN GEGENWART ANDERER IST MIT DEM GESETZ VOM 02. 03. 5 NACH DER KATASTROPHE VERBOTEN!

Der Bildschirm erlosch. Hester stellte keine zweite Frage. Nun war alles klar! Ein Tabu zu brechen, konnte den Verlust aller Bürgerrechte nach sich ziehen.

Das bedeutete, daß niemand mehr mit Hester und Escha sprechen durfte, und noch schlimmer, daß auch Automaten wie der Instruktor nicht mehr auf sie reagieren würden. Also: keine Information, keine Kommunikation!

Wut brandete in Hester auf. Wie hätte er um sein Vergehen im voraus wissen sollen? War es überhaupt richtig, eine solche Erfahrung, wie er sie mit Escha geteilt hatte, zu verbieten? Was konnte schlecht sein an diesem Gefühl? Zu kurz, viel zu kurz war es leider gewesen!

Etwas in Hester zog sich zusammen. Ein winziger Rest kühlen Verstandes staunte über die Reaktionen des übrigen Körpers. Brennen erfüllte Nase und Augen, und schließlich rannen kleine Perlen von Flüssigkeit zwischen den Lidern hervor. Salzig schmeckten die Tropfen auf den schmerzlich verzogenen Lippen, durch die, wie in großen Blasen, stoßweise Hesters Atem pulsierte. Schrecklich war es und schön zugleich und beruhigend.

Wut, Haß, Zuneigung und Angst.

Zwischen diesen Gefühlen kreisten die Gedanken des Jungen in Erinnerung an das Erlebte. Doch zuletzt überwog jene seltsame, unsäglich fremde Kraft, die Hesters Inneres fest ergriffen hielt und, süßen Schmerz erzeugend, zu Escha hinzuzerren versuchte.

Aber den äußeren Körper hielt das Gefängnis! Wie war die Tür zu öffnen?

Der übliche Weg, einen Wohnautomaten zu steuern, führte über den Instruktor. Dies war nun nicht mehr möglich. Verzweifelt suchte Hester nach einem Ausweg.

Was mochte imstande sein, die normale Schaltung außer Kraft zu setzen? Ein Unfall! Ein Notfall! Hester mußte eine künstliche Katastrophe erschaffen.

Gut kam ihm jetzt sein großes, aus Langeweile geborenes Wissen zustatten. Endlich hatte er einen Nutzen. Seine Wut verlieh Hester Kraft, der Gedanke ans Ziel Überlegung.

Er umwickelte die Rechte mit seinem zerknüllten Anzug. Indem er sich mit allem Gewicht dagegen warf, drückte er den Bildschirm des Instruktors ein. Vorsichtig entfernte Hester die Bruchstücke, bis das zerrissene Innere des Lerngeräts offen vor ihm lag.

Fast wäre er wieder verzweifelt, bevor es ihm gelang, ein Stück der nur schwer brennbaren zweiten Haut durch die schwachen Funken aus Instruktordrähten zu entflammen.

Endlich brannte der ganze Anzug. Dicker, beißender Qualm stieg auf. In der größeren Hitze entzündete sich auch das flexible Material der Kabinenverkleidung.

Hester kniete in der Ecke. Hatte er sich verrechnet? Würde er eher verbrennen, als die Freiheit wiedererlangen? Quälend langsam öffnete sich da der Spalt der Türe. Gegenüber noch ein zweiter!

Natürlich! Alle Lebenszellen standen zueinander in Verbindung. Diese Öffnung führte zur Wohnung des Nachbarn. Die Notschaltung verhalf ihm zur Flucht vor der vermeintlichen Feuersbrunst. Zweifellos war dieser Weg der bessere.

Hustend rannte Hester durch die Zimmer bis zur nächsten Ausgangszelle. Flüchtig nahm er die entsetzte Miene eines Nachbarn wahr, dem das nackte Kind wie ein Phantom erscheinen mußte.

Groß war Hesters Angst im Liftschacht vor Verfolgern, die ringsum im Nebel lauern konnten. Endlich im Freien, trieb ihn kühle Luft zum schnellsten Lauf. Bald erreichte er die Wohnung Eschas, die, glücklicherweise unbewacht, gleich ihm in ihrer Zelle eingeschlossen war.

Unvorbereitet auf sein Kommen, gehorchte die Automatik hier Hesters Befehlen und öffnete die Tür. Gleich darauf lagen sich die Kinder in den Armen.

Auch Escha hatte sich der Bevormundung der zweiten Haut entledigt. Trost suchend preßten sich der Junge und das Mädchen aneinander. Neue Tränen – der Erleichterung – waren bald getrocknet.

»Was können wir noch tun?«

Escha vertraute Hester nach wie vor, obwohl er sie ja beide durch seine Neugier ins Unglück gestürzt hatte. Und es erschütterte den Jungen um so mehr, als er selbst vollkommen ratlos war.

»Nichts... Höchstens... eines.«

Sie hatten beide schon davon gehört und waren alt genug, um die Endgültigkeit ihres Entschlusses zu verstehen. Ihre Angst war groß! Doch falsche Hoffnung auf Rehabilitation machten sie sich keine.

Sie verließen ruhig die Wohnung und den Turm und die Stadt, und alles kam ihnen tot vor.

Hester ergriff Eschas Hand und führte das Mädchen auf den Vorhang zu, der im Begriff war, über ihre Welt zu fallen – die schwarze Wand, die wie Rauchglas wirkte, und darin eingeschlossen ein anderes Reich eigener Natur.

Eine Stunde bis zur Erstarrung!

Hester fühlte sich plötzlich auf eigenartige Weise abgestoßen und angezogen zugleich. Er hatte die schwarze Zone schon einige Male besucht und immer eine seltsame Beklemmung wie in einem Panzer um seine Brust gefühlt, wenn er den ersten Schritt hineingetan hatte. Ihm war gewesen, als müsse er ersticken, trotz des obligatorischen Atemgeräts.

Diesmal trug er wirklich keines! Diesmal würde das Gefühl der Realität entsprechen.

Nur ein Schritt – und alle Geräusche erstarben. Nur ein Schritt, und die Farben waren erloschen. Alles weiß oder schwarz oder eine der Myriaden Schattierungen von Grau.

Hester führte Escha eine Weile einfach geradeaus in diese unwirklich schattenlose Totenwelt hinein. Schwarz die Erde, grau das Gras, etwas dunkler das Holz der Bäume und Sträucher und etwas heller ihr Laub.

Die Kinder sahen auch einen kleinen Vogel auf einem Zweig: im Sitzen erstarrt.

Soweit Hester wußte, fand jeder die Zone abstoßend, obwohl in ihr stattfand, was viele Leute sich oft wünschten: Aufhebung der Zeit, Stillstand, Festhalten des Augenblicks.

Der Junge blickte sich um und wandte sich schließlich nach links. Er suchte einen bestimmten Platz, den er früher einmal entdeckt hatte und der ihm als einziger schön erschienen war. Wie im Traum ging er Schritt für Schritt über das erstarrte Gras, das seltsam träge unter den Sohlen zersplitterte.

Früher hatte Hester Bedrückung, ja Furcht empfunden, doch sie wich jetzt einem unerklärlichen Gefühl der Zugehörigkeit, das immer noch zunahm. Und auch das Atemholen schien ihm von Zug zu Zug leichter zu werden. Escha verlor ihre Angst gleichfalls, und um sie her veränderte sich scheinbar die schwarze Zone.

Die tödliche Erstarrung wurde zeitlose Ruhe. Das schattenlose Zwielicht erfüllte sich mit strahlender Helligkeit. Sonne in einem Garten aus Glas! Die Stille: Eine eigene Musik! Eine ganze Welt als Symphonie für die Augen!

Wirklich schienen nur die beiden Kinder zu sein. Alles übrige waren Spiegelungen einer sehr fernen Realität.

Schließlich erreichten sie den Ort, den Hester gesucht hatte. Ein kleiner Busch stand hier, in seiner Erstarrung von unirdischer Schönheit. Hellgrau, weiß und dunkelgrau vor schwarzem Hintergrund.

Keine Farbe störte sein zeitloses Dasein. Alles an ihm wirkte wie Glas: Zweige, Blätter, Blüten, Triebe. Es mußte Frühling gewesen sein, als dieser Strauch erfaßt worden war.

Escha und Hester wandten sich einander zu. Ihre Bewegungen hatten sich merklich verlangsamt: Unterwassergeschöpfe, zeitlupenträge. Doch gab es niemand, der sie hätte beobachten können, und ihnen selbst erschien alles ganz normal.

Die beiden Kinder hoben ihre Hände, die Fingerspitzen berührten sich, glitten übereinander hinweg. Eine Mischung aus Streicheln und Tasten, wechselseitig, über Arme, Schultern und Hals zum Gesicht.

Sie schlossen die Augen.

Abwärts an Hals, Brust und Bauch und wieder hinauf über den Rücken glitt die Berührung, zärtlich, und erneut hinab an den Seiten bis zu den Hüften, über weiche, seidige Haut.

Sie wollten, sie mußten die Wärme des anderen am ganzen Körper spüren, die Spannung lösen, die sie ergriffen hatte. Und sie umarmten sich, drückten sich aneinander.

Und wie der Busch neben ihnen gewußt hatte, wann Zeit war zu blühen, so wußten Hester und Escha schließlich, was sie tun mußten, um eins zu werden.

So zerrannen die letzten Minuten der einen Stunde seit ihrem Betreten der schwarzen Zone. Und die Finsternis löste sich auf.

Der Autor:

Peter K. Spies wurde am 19. Januar 1952 in München geboren. Nach dem Abitur am Humanistischen Gymnasium studierte er 1974 bis 1978 Pädagogik an der Universität München. Sei 1967 betätigte er sich – zusammen mit seinem Bruder – als Schriftsteller. Bisher entstanden eine Reihe von Erzählungen; derzeit arbeitet er an einem Roman.

UM RÜCKFRAGEN ZU VERMEIDEN

Wir veröffentlichen die Anzeigen für die HEYNE SF-BÖRSE in der Reihenfolge des Eingangs. Bitte beachten Sie aber, daß der technische Vorlauf, also die Zeit zwischen Redaktionsschluß und Erscheinungstermin, 4 Monate beträgt. Sie werden Ihre Anzeige also jeweils frühestens in der übernächsten Nummer des Magazins finden, wahrscheinlich aber erst in der Nummer darauf.

SUCHE:
Alle SF-Titel, die im König Verlag, München, erschienen sind
Emil Kugler, Treustr. 92/6/8, A-1200 Wien

SUCHE:
George O. Smith, Weltraumpest (TS 19); Eric Frank Russell, Die Todesschranke (UK), als Taschenbuch auch bei Ullstein unter dem Titel: Gedanken-Vampire; Eric Frank Russell, Agenten der Venus (UK 22), auch bei Heyne; Wilson Tucker, Das endlose Schweigen (TS), als Taschenbuch bei Ullstein unter dem Titel: Die Unheilbaren; Cyril M. Kornbluth, Schwarze Dynastie (UK); Sam Merwin jr., Piraten im All (UK 17); ders., Die Zeit-Agenten (TS); Murray Leinster, Der vergessene Planet (UG); Jerry Sohl, Aura des Grauens (UZ); K. H. Scheer, Unternehmen Diskus (Pabel); Bob Shaw, Menschen im Null-Raum (GWTB); Baruch/Lean, Der Diktator von Hamburg (UZ)
Christian Hansen, Stuhrs Allee 23, 2390 Flensburg

SUCHE:
Guterhaltene alte Terra-Kleinbände (Nr. 1-220) zu annehmbaren Preisen
Manfred Skupin, Danziger Str. 9, 3008 Garbsen 4

SUCHE:
Folgende Heyne-Taschenbücher von Alan Burt Akers: Transit nach Scorpio (3459); Die Sonnen von Scorpio (3476); Der Schwertkämpfer von Scorpio (3488); Die Armada von Scorpio (3496); Der Prinz von Scorpio (3504); Die Menschenjäger von Antares (3512); In der Arena

von Antares (3534); Die Waffenbrüder von Antares (3667)
Perry Lange, Eichenstr. 6, 2870 Delmenhorst

SUCHE:
Terra Fantasie TB Nr. 15, 30, 31, 32, 33, 34, 35, 42, 43, 49, 59, 66 à DM 1,50
Goldmann SF TB Nr. 016, 054, 0108, 0110, 0166, 0176, 0250,0253, 23009, 23036, 23083, 23134, 23262, 23271, 23371, 23321, 23327, 23345, 23348 à DM 3,—
Goldmann Weltraum TB Nr. 015, 064 à DM 8,—; Nr. 0135, 0143, 0152, 0155 à DM 3,50
Bastei Fantasy Nr. 20020 à DM 2,50
Action Nr. 21129 à DM 2,—
Heyne Anthologie Nr. 47 à DM 5,—
Phantom Nr. 8, 14, 16 à DM 2,50
Supermann Nr. 2, 1966 à DM 3,—, Nr. 3/77, 19, 22/78, 13, 18/79
Wundergirl Nr. 30, 43
Supermann Sonderband Nr. 3, 6, 9, 12, 13
Gerecht. Liga Nr. 8, 9
Supermann s. Freunde I
Batman Nr. 2, 3, 10
Planet der Affen Nr. 13
Heyne SF Nr. 3015, 3016, 3021, 3031, 3033, 3040, 3053, 3073, 3085, 3090, 3104, 3131, 3170, 3171, 3172, 3190, 3476, 3706
Heyne Allgemeine Reihe Nr. 5124, 5512
Heyne Anthologien Nr. 23, 6, 27, 36, 37, 38, 40, 41, 43, 57, 58
Heyne Horror Nr. 472, 577, 800, 811, 832, 880, 889, 922
Hermann Schmitz, Euskirchner Str. 48, 4040 Neuss 21

SUCHE:
Heyne SF Band 3019, 3106, 3120, 3128, 3150, 3170, 3255, 3267, 3305, 3348, 3405, 3406
MvS SF & Fantastica: Bradbury, Das Böse kommt auf leisen Sohlen, Medizin für Melancholie, Geh nicht zu Fuß durch stille Straßen, Die Mars-Chroniken; Ellison, Die Puppe Maggie Moneyeyes
Martin Honeker, Königstr. 73, 7200 Tuttlingen 1

SUCHE:
Heyne SF (nur 1. Auflage, Zustand gut bis sehr gut) Nr. 3031, 3033, 3048, 3073, 3081, 3089, 3097, 3101, 3106, 3114, 3116, 3123, 3153, 3259, 3336, 3411, 3438, 3467, 3469
Heyne Allgemeine Reihe Nr. 39, 58, 66, 90, 103, 214, 231, 241, 254, 266, 293

Bände der Heyne Anthologien, die SF-, Horror-, PSI- oder andere Phantastik-Stories enthalten, sowie die in der Allgemeinen Reihe erschienenen Horror-Bände
Karl-Ulrich Burgdorf, Pängelantonweg 11, 4400 Münster

SUCHE:
Heyne SF Nr. 3083, 3139, 3246, 3393, 3417, 3469, 3534, 3563, 3539, 3571, 3576, 3580, 3591
Ludwig de Jonge, Pestalozzistr. 32, 8580 Bayreuth

VERKAUFE:
40 Fantasy-Bücher (Heyne, Hobbit-Presse, Insel-TB), zum Teil Serien (Howard, Leiber, Lee, Kurtz); Liste auf Anfrage
Dirk Schmidt, Im Ostersiepen 76, 5600 Wuppertal 1

SUCHE:
Heyne Anthologie Nr. 16, 26
Heyne SF Nr. 3061, 3095, 3115, 3306, 3127, 3173, 3140, 3313, 3334, 3346, 3365
Pabel Utopia Nr. 529
Hermann Möhle, Graudenzer Str. 38, 3380 Goslar

SUCHE:
Henry Rider Haggard, Ein Zauberer im Sululande, Das Herz der Welt, Heu, Heu oder das Ungeheuer; Arthur Conan Doyle, Das Nebelland, Im Giftstrom; John Uri Lloyd, Etidorpha; Jonathan Burke, Hotel Galaxis, Tor der Dämonen; Alexander Calhoun, Imperium Galaxis; Charles Fontenay, Legion der Zeitlosen; Wolf Detlef Rohr, Planet des Unheils; Eric Frank Russell, Die Todesschranke; Clifford D. Simak, Tod aus der Zukunft
Heyne Nr. 58, 299, 3126
Heyne Anthologie Nr. 26, 27
Heyne Action TB Nr. 25
Utopia Kriminal TB Nr. 6, 8
Luther's Horror + Grusel Cabinet Nr. 8
Ganymed Horror 3/4
Tarzan TB Nr. 5
Luna Weltall TB Nr. 5, 7
Utopia Kleinband 3, 4, 5, 8, 10, 11, 14, 39, 40, 43, 118, 119, 137, 166, 213, 223, 229, 230
Horst Gittinger, Wallensteinstr. 11 B, 7000 Stuttgart 40

SUCHE:
Wolfe, The Devil in a Forest (Follet hc); Strugazki, Die dritte Zivilisation (Das Neue Berlin); Lo Mejor de Jack Vance (Bruguera); Vance, The Blue World (Underwood/Miller t.e.), The Languages of Pao (U/M t.e.), Vandals of the Void (Gregg Press) im Tausch gegen Tschai 2, 3, The Eyes of the Overworld (alle U/M t.e., vom Autor signiert)
VERKAUFE:
Vance, Tschai 1–3 (Mayflower), The Dying Earth (Mayflower), The Star King (Panther); Cherryh, Brothers of Earth (Orbit), Hunter of Worlds (DAW); Benford, In the Ocean of Night (Orbit); Pangborn, The Company of Glory (Star Books); Eddison, The Worm Ouroboros (Pan). Alle TB gut bis sehr gut erhalten, pro Buch DM 8,— plus Porto
H. Thomas Friese, Sindelfinger Str. 79, 7400 Tübingen

VERKAUFE:
Meine SF-Sammlung. Interessenten erhalten eine Preisliste gegen Rückporto
Peter Schwedler, Buderusstr. 2, 4300 Essen-Kray

SUCHE:
Zur Vergrößerung meiner SF-Sammlung SF-Taschenbücher
Ralf Gischus, Krayer Str. 33, 4300 Essen 13

SUCHE:
Utopia SF-Magazin 1955, Bd. 1, 2; Das höllische System, K. Vonnegut (Heyne 3029); Schwarze Dynastie, C. Kornbluth (Terra TB Moewig 245); Menschen, Marsianer und Maschinen, E. R. Russell (Heyne 3113); Diplomat der Sterne, K. Laumer (Terra TB 226); Der Chinger-Krieg, H. Harrison (Bastei SF 28); Die Rebellion des Schützen Cade, C. Judd; Eiswelt, H. Clement (Utopia-Krimi); Das Milliardengehirn, T. Sturgeon (Heyne 3062); Stationen des Schreckens, D. Swain (Zauberkreis SF); Insel ohne Meer, J. Christopher (Goldmann 70); Karneval der Alligatoren, J. Ballard; Zehn Jahre nach dem Blitz, P. Dick (Goldmann 112); Welt am Draht, D. Galouye; Die Nacht der Roboter, B. Ball (Goldmann 164)
Dr. med. Jürgen Trammer, 8481 Mantel über Weiden/Opf.

SUCHE:
Heyne SF Nr. 3459, 3476, 3488, 3496, 3504, 3534, 3567.
Biete DM 5,— pro Band
Helmut Kurz, Mammolshainer Str. 3, 6000 Frankfurt 1

SUCHE:
Heyne SF Nr. 3329, 3383, 3388, 3469, 3330, 3348, 3492, 3169, 3247, 3370, 3039
August Derleth, Auf Cthuthus Spur (Insel); Rodney Matthews' SF-Kalender 1979; Anne McCaffrey, The White Dragon, Dragonsinger, Dragondrums; Michael Moorcock, An der Grenze zum Chaos (Vampir TB 6), Die Herren der Lüfte, Silver Warriors; Clifford D. Simak, Als es noch Menschen gab (Goldmann 23036); alle Bände von Kurt Singers Horror-Anthologien und alle Kurzgeschichten-Bände von William Tenn
VERKAUFE UND TAUSCHE:
A. B. Akers Scorpio-Serie, Bde. 1–14 (nur komplett abzugeben);
J. Gaskells Atlantis-Tetralogie; R. Zelaznys Amber-Zyklus u. a.
Walter Pfahl, Grohmannstr. 8, 8000 München 45

SUCHE:
Ältere Heinlein-Romane (bes. von Heyne), zahle Neupreis, bei besonderen Raritäten Zuschlag, sowie alte/neue Fredric Brown-Romane/Hefte, zahle wie bei Heinlein
Harald Jansen, Buchenstr. 20, 4047 Dormagen

SUCHE:
Perry Rhodan im Bild Nr. 22 (Angebot: DM 15,—); Perry, unser Mann im All Nr. 10, 19 (Angebot: DM 10,— je Ausgabe)
Heyne SF: Die Reise zu den Mondstaaten und Sonnenreichen, von de Bergerac, Wenn Welten zusammenstoßen, von Wylie & Balmer (3178); Auf dem neuen Planeten, von Wylie & Balmer (3183)
Vampir TB: Das Haus des Grauens (52); Die Stunde der Abrechnung (42)
Rufer-Verlag: Spannende Geschichten, 119, Schiffbruch zwischen Erde und Mond; 123, Wettkampf im Weltraum; 131, Der Weg nach Hesperos; 139, Der Flug in die Zukunft, & ff. von Henry Gamarick
Orbit TB (engl.): The Space Guardians, Ball; Collision Course, Tubb; Lunar Attack, Rankine; Astral Quest, Rankine; Android Planet, Rankine; Alien Seed, Tubb; Rogue Planet, Tubb, & ff. aus der Reihe Space: 1999
Klaus-Dieter Geissler, Postfach 1308, Brückenstr. 2, 6120 Erbach

---

SUCHE:
Peter Tate, Das verplante Paradies (Fischer Orbit); sekundärliterarisches Material über Peter Tate; alle bei Bastei erschienenen Romane von Michael Coney. Bücher nur in gutem Zustand
Michael Adrian, Straheimer Weg 47a, 6365 Rosbach 1

DAS URTEIL DES LESERS

- ☐ Joan D. Vinge, Der Sturmkönig
- ☐ John M. Ford, Mandalay
- ☐ Gene Wolfe, Der Gott und sein Mensch
- ☐ Kevin O'Donnell, Jr., Was vermag ein Regentropfen?
- ☐ Somtow Sucharitkul, Ein Tag in Mallwelt
- ☐ Peter K. Spies, Triebe wie Glas

Geben Sie der Erzählung, die Ihnen am besten gefallen hat, eine 1; der, die Ihnen am zweitbesten gefallen hat, eine 2 usw.

Trennen Sie die Seite heraus und senden Sie sie an den

Wilhelm Heyne Verlag
Science Fiction-Redaktion
Türkenstraße 5–7
8000 München 2

Das Ergebnis wird im übernächsten Magazin veröffentlicht.